考える練習帳

細谷功
Hosoya Isao

ダイヤモンド社

はじめに

「自分の頭で考えること」が重要

とんでもない時代がやってきました。

これまで常に地球上の知性をリードしていた人間の位置付けが、変わる可能性が出てきたのです。言うまでもなく、それは人工知能（以下ＡＩ）の飛躍的な発展によるものです。

英国のディープマインド社が開発したコンピュータ囲碁プログラムの「アルファ碁」は、「数十年先だ」といわれていた囲碁の世界で人間のトップ棋士を圧倒して勝利。その後に、ミッションを終えたとして「引退」してしまいました。

そこで有名になったディープラーニングの技術は、様々な形で人間のやっていることを凌駕しつつあります。

それは、「膨大なデータに基づくパターン認識の高度化」という形で、人間以外の存在が知性に足を踏み入れたことを意味しています。

これは、従来のＡＩブームでは全く手が届かなかった、人間が突出して持っていた能力である**考える力（抽象化する能力）**を、人間以外の存在も持つようになってきたということです。

今、世界では、グローバル化よりも自国の利益を最優先に考える保護主義が広まりつつあります。その背景には「移民に自国民の職が奪われる」という危機感があります。

しかし、それよりも量的にもスピードの上でも「圧倒的に」大きな変化が、AIによってもたらされつつあることを見逃すことはできません。

「AI国からの移民」という変化のインパクトは、人間同士の「移民か自国民か」等という次元ではないのです。

そんな時代に、私たち人間がやるべきこととは、何なのでしょうか？

皆さんは、どこまで「自分の頭を使って」考えていると言えるでしょうか？

AIやクラウドコンピューティングといったICT（情報通信技術）の飛躍的な発展に伴って、「単に多くのことを記憶している」ことの価値が下がり続けています。

また、人間の仕事の中でも単に定型的な仕事だけでなく、これまでは知的な仕事と考えられていた仕事、特に「知識や経験の量で勝負する」仕事は、次々と機械に置き換わっていくことになるでしょう。

そんな時代に人間がすべきこと、必要とされることは何なのでしょうか？

それが**「自分の頭で考えること」**です。

その力を持つことによって、私たちは、より自分らしい人生が送れるようになります。

あなたは、自分の頭で考えていますか？

ＡＩの発展で「仕事がなくなる」と捉えるよりは、「誰がやっても同じ定型的な仕事や単純作業を長時間やる必要がなくなる」と前向きに捉えれば、人間は「人間だけ、しかも自分だけができること、あるいはすべきこと」に集中することができるようになると考えた方がいいでしょう。

人間が考え出したＡＩを、わざわざ人間が不幸になる方向に持っていく必要はないからです。

でも、日常生活や仕事の中で「自分で考える」と言われても、実際には、どのようにすればいいのでしょうか？

「あなたは自分の頭で考えていますか？」と聞かれて、「いいえ」と答える人はあまりいないでしょう。

でもその一方で、きっぱり「当たり前でしょ」と断言できる人も少ないのではないでしょうか。

本書は、そんな課題やモヤモヤを解消するためにあります。

「知識を詰め込む」記憶型の勉強と違って、考える力を養うのは少し工夫が必要です。記憶型の勉強であれば、多少の巧拙や個人差はあれ、基本的に成果は、時間に比例します。

ところが、本書のテーマである**「考える力」**はそうではありません。

「考える」ためのきっかけとそのコツさえつかめば、一瞬にして「世界が変わって見える」ほど、ものの見方が一新され、新しい考え方に変わることもないことではありません。

その代わり、基本的なものの見方や価値観を変えない限りはいくら時間をかけても、他人から言われても永久に考える力を養うことはできません。

そこが「知識」の世界と大きく違うところです。

本書は、そのような変化を起こすためのきっかけとコツをつかんでもらうためのヒントを提供いたします。

これまで、日本の社会や教育の世界の価値観は、ある意味で考える力を抑圧する方向にありました。つまり、学生時代には知識の多寡を試験で問われ、偏差値という「1つの物差し」で序列がつけられました。

図表1　人間には4つのタイプがある

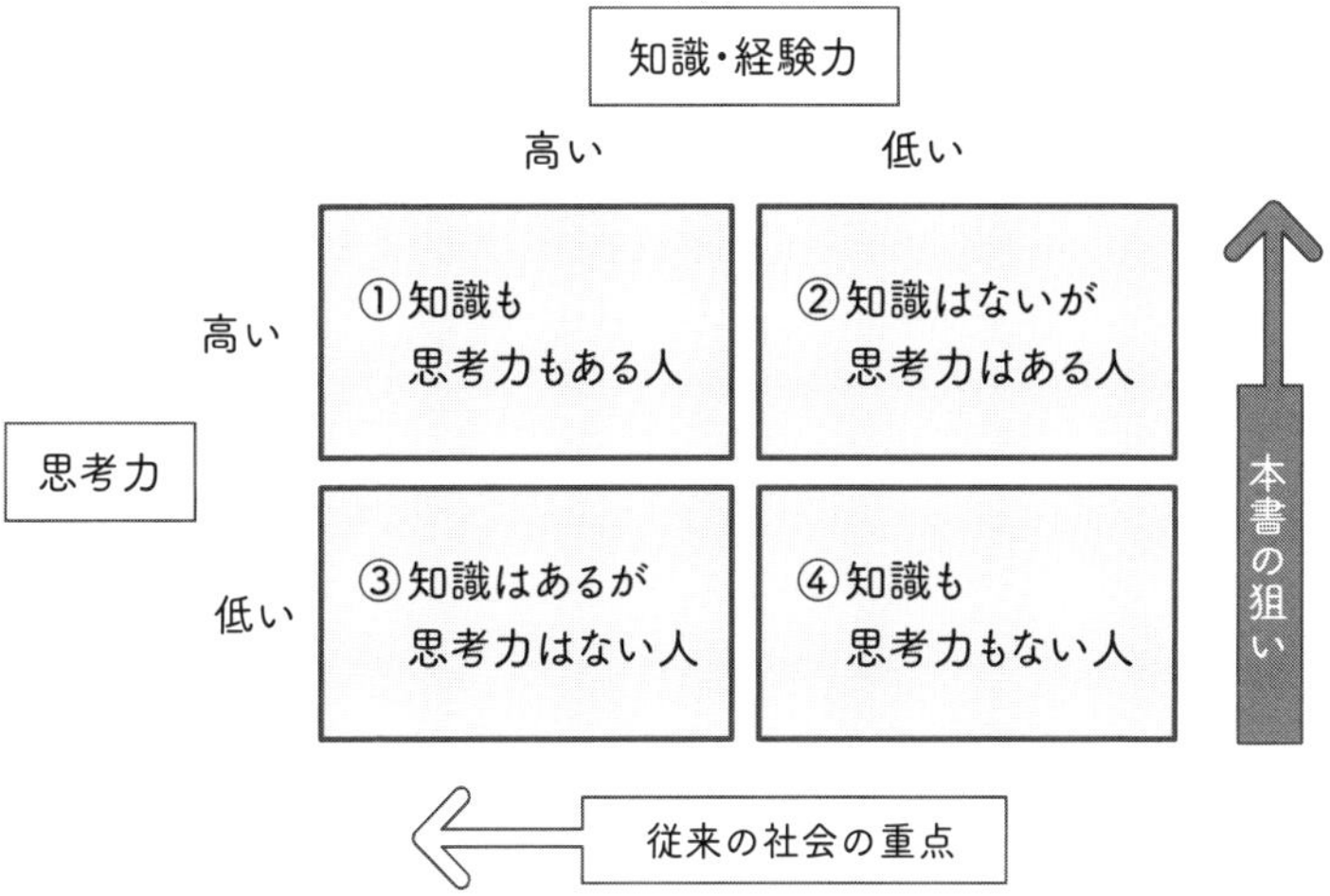
知識・経験力
高い
低い
高い
低い
思考力
①知識も
思考力もある人
②知識はないが
思考力はある人
③知識はあるが
思考力はない人
④知識も
思考力もない人
本書の狙い
従来の社会の重点

また、会社に入れば入ったで、序列にしたがって上司や顧客に言われたことに疑問も持たず、文句も言わずに「効率的に」こなす人間が評価されてきました。

表面上は「個性的に」とか、「自分で考えて」とかといっても、「効率的にこなす」ためには、「自分の頭で考えない」人の方が評価される仕組みだったのです。

世の中には、上の図で示す4通りの人がいます。

①「知識も思考力もある人」、②「知識はないが思考力はある人」、③「知識はあるが思考力はない人」、④「知識も思考力もない人」の4タイプです。

知識・経験から思考力が重視される時代へ

前ページの図表1は、横軸が知識や経験があるかないか、縦軸が思考力があるかないかです。

①「知識もあって思考力もある」左上の人（ある意味では万能のスーパーマンですが）が仕事でも高い実績を上げるのはある意味当然として、次に、日本の社会で高く評価されてきたのは、主に③「知識はあるが思考力はない」、図の左下の領域の人でした。

意外に思われるかもしれませんが、特に組織においては典型的な「優秀な人材」とは、自らの頭で考えた独創性を発揮するより、「これまでやってきたこと」や「欧米の最新事例」をいち早く覚えてそれを実践する人だったからです（典型的なコースは、「有名大学」を卒業して「有名大企業」で一生を終える人たちです）。

ところが、時代の変化によって重要な軸が「横軸（知識・経験）」から「縦軸（思考力）」に変わりつつあります。

端的に言えば、左下＞右上だったのが、右上（知識がない分をＡＩが補う）＞左下という価値観の変化が、徐々に進行しつつあるということです。

本書によって、いかにその変化に対応していくのか、その要点を学んでください。

もし、今あなたが左下にいるのであれば、左上に行けるように。もし今あなたが右下にいるのであれば、右上に行けるように。どうすれば、そのような変化を起こせるのか、そのヒントを本書でつかんでください。

本書の全体像と特徴的なアプローチを初めに示しておきます。

それは「考える」ことの様々な側面を端的に示すために**「徹底的に対照させて比較する」**ことです。

本書で後述する通り、この「ある視点を持って比較する」というのは、物事を考える上で重要なやり方ですが、それを本書全体を通じて実践することにします。

全体の流れは以下の通りです。

本書は、次ページの図表2の通り大きく4つのパート、全7章の構成になっています。

まずは「Ⅰ．動機づけ編」の第1章では、そもそもなぜ考えることが必要なのかを整理しておきます。考えすぎると悩みが増えたり時に行動力が鈍ったりというデメリットもある中で、それでも考えることの大きなメリットを再認識した上で先に進んでもらいたいと思います。

続く「Ⅱ．覚醒編」では、どうすれば思考停止から抜け出して思考回路を起動することができるようになるかを解説します。まず第2章として「考える」という行為の基本中の

図表2 「本書の全体の構成」

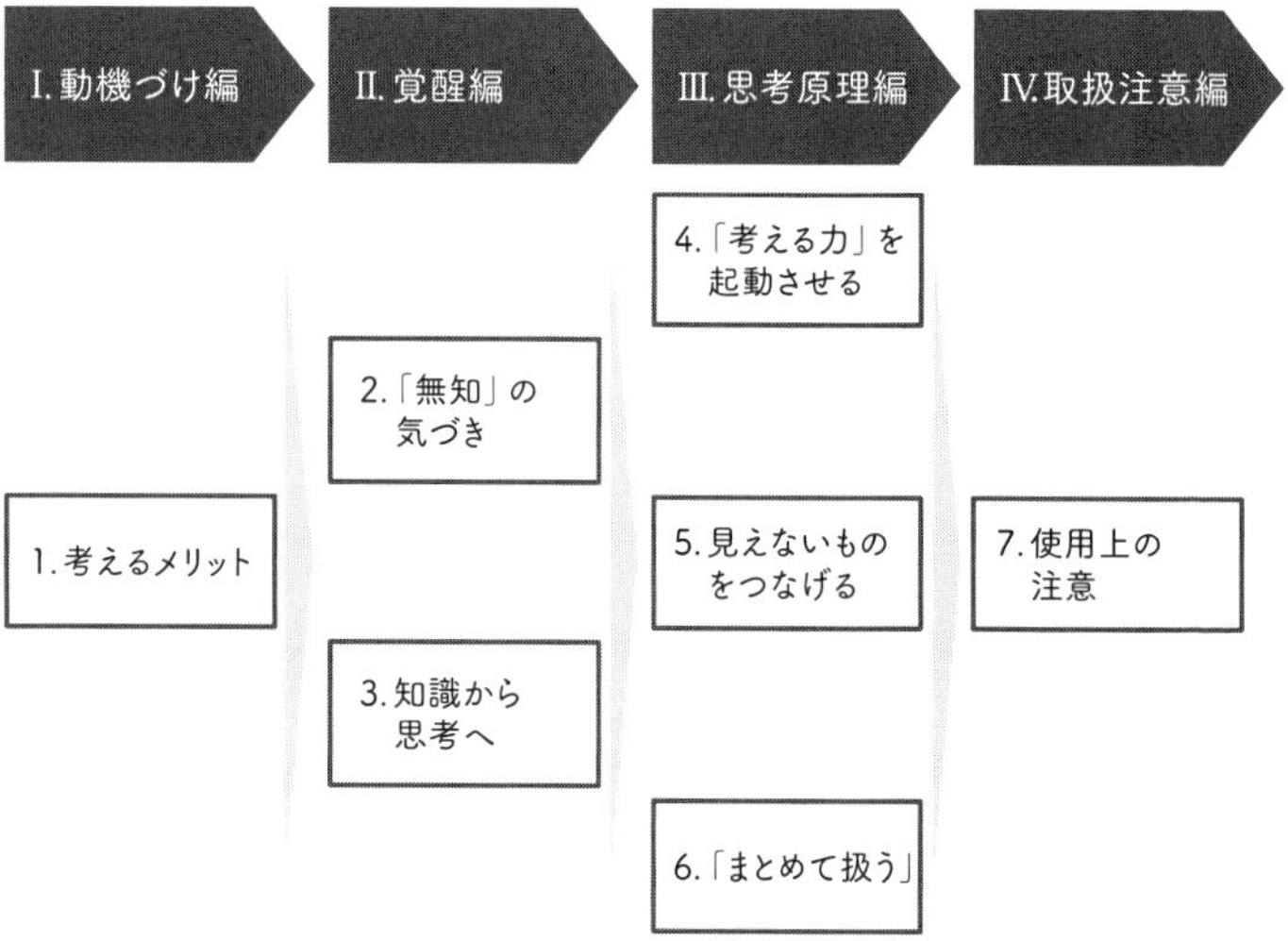

I. 動機づけ編
II. 覚醒編
III. 思考原理編
IV. 取扱注意編
4.「考える力」を起動させる
2.「無知」の気づき
1. 考えるメリット
5. 見えないものをつなげる
7. 使用上の注意
3. 知識から思考へ
6.「まとめて扱う」

基本としてソクラテスの根本的な考え方である「無知の知」から話を始めます。「自分は何も知らないのだ」という大前提が思考回路を起動します。

続いて第3章では「知識から思考へ」というテーマで、これまで私たちに染み付いている知識偏重の価値観やものの考え方をリセットして思考型の価値観へと反転させることを目的とします。「反転」という表現をしましたが、時に知識偏重の価値観は思考に対してはマイナスに働くというのがここでのポイントです。

そして「III. 思考原理編」がいわば「考える」という行為そのものの正体です。

まずは第4章で身の回りの行動パターンにおいて、考えている状態と考えていない状態とがどのように違うのかを示すことで、行動とセットになった思考回路の転換のイメージをつかんでもらいます。

さらに第5章で考えるための「基本動作」として「見えないものをつなげる」というもののの見方を様々な視点から解説します。「見えないものをつなげる」ことの思考における典型的な例が「具体と抽象をつなげる」ことです。

続く第6章ではいわば「思考の本丸」ともいうべき「具体と抽象の関係」を明確にすることでその正体に迫っていきます。

考える力の「使用上の注意」

最後の「Ⅳ．取扱注意編」の第7章では「考える」を実践するうえでの課題についてお話しします。いわば考えることの**「使用上の注意」**です。どんなものにもいい面と悪い面があります。それをうまく理解してこそ使いこなすことができます。実践に当たっての想定される疑問点も含めてまとめておきたいと思います。

考えるという目に見えない行為を解説していくための本書のアプローチですが、**徹底的に「考えていない」状態と「考えている」状態を比較することによって、どうすれば考えられるのかを浮き彫りにしていきます。**

したがって、各項目に簡単な比較表を提示することで読者の皆さんが自らの状態をチェックするとともに、どのようにして本書の「使用前」から「使用後」に移っていけるのかを伝えたいと思います（このような「二項対立」の議論を展開すると必ず出てくる反応が「世の中そんなにきれいに2つに分かれない」というものなのですが、その反応そのものが「考えていない」証拠であり、その理解が「大きな誤解」であることは第6章で詳述します）。

また、なるべく日常との関連をつけ、読者の今後の実践に役立てるという観点から、日常的にいかにもありそうな会話や練習問題をちりばめていますので、基本原理の紹介の後に必ず「自分の生活に役立てるとしたらどうなるか？」ということを自ら考えながら本書を読んでください。

本書を読み終えた読者の皆さんが、身の回りの事象を読む前とは違った視点で捉えて、これまでとは違った（もちろん良い意味で）新しい世界を見出してもらえれば、本書の目的は達成されたことになるでしょう。

では、新しい世界への第一歩を一緒に踏み出しましょう。

2017年9月

細谷　功

考える練習帳

contents

はじめに

「自分の頭で考えること」が重要　1
あなたは、自分の頭で考えていますか？　3
知識・経験から思考力が重視される時代へ　6
考える力の「使用上の注意」　9

第1章 「考える」と、何かいいことがあるの？

考えることには、多くのメリットがある　20
1 世界が変わって見える　22
2 「先が読める」ようになる　26
3 「自由に」なれる　28
4 AIとうまく共存できる　30
5 仕事や勉強ができるようになり、人生が楽しくなる　36

第2章
「気づき」＝無知の知で勝負が決まる

「無知の知」を知っていますか？ 40
「気づいたら」勝負はついたも同然 43
考えるとは「疑ってかかる」こと 48
なぜ、疑うことが重要なのか？ 50
考えるとは「自己矛盾を知る」こと 53
考えるとは「3つの領域」を意識すること 58
考えるとは「川上」と「川下」の違いを理解すること 64

第3章
知識重視の価値観から脱却する

思考回路の転換にチャレンジする 72
考えるとは「知識の価値観を捨てる」こと 76
「常識の海」から抜け出す方法 80
考えるとは「すぐにネットを見ない」こと 85
考えるとは「『常識』という言葉を使わない」こと 87
考えるとは「正しい／間違い」と言わないこと 93

考えるとは「正解を求めない」こと 100
考えるとは「専門家バイアス」から抜け出すこと 106
考えるとは「分けない」こと 112
考えるとは「動的である」こと 116

第4章 「考える力」を起動させるための工夫

考えるとは「自分から動く」こと 124
考えるとは「変化を起こす」こと 128
考えるとは「なくても何とかする」こと 131
考えるとは「モヤモヤに耐える」こと 135
考えるとは「空気を読まない」こと 138
考えるとは「戦わなくて済ませる」こと 140
考えるとは「裏をかく」こと 143
考えるとは「リスクをおかす」こと 145

考えるとは「差をつける」こと 147
考えるとは「尖らせる」こと 152
考えるとは「数字で判断しない」こと 155
考えるとは「並ばない」こと 159
考えるとは「ちゃぶ台返しをする」こと 163
考えるとは「質問する」こと 166
考えるとは「自由である」こと 170

第5章 考えるとは「見えないものをつなげる」こと

「見えるもの」と「見えないもの」の違い 174
考えるとは「見えないもの」を意識すること 176
「今ある」ものと「今ない」もの 179
手段と目的 186
「やること」と「やらないこと」 188
個別の事象とそれらの「つながり」 190

考えるとは「向こうから見る」こと 193
考えるとは「飛躍がない」こと 198
考えるとは「なぜ？と問う」こと 202
「上から見る」ことで部分と全体をつなげる 206
考えるとは「全体を見る」こと 211

第6章 考えるとは「まとめて扱う」こと

考えるとは「共通点を探す」こと 216
具体と抽象 221
考えるとは「極論する」こと 227
考えるとは「一言で表現する」こと 230
考えるとは「経験の限界を知る」こと 233
考えるとは「具現化する」こと 237
考えるとは「飛躍する」こと 241

第7章 「考える」ことの使用上の注意

「孤独」に耐えられる？ 248
悩みが増える？ 251
決断が遅くなる？ 253
使いどころを間違えないこと 255
他人が信用できなくなる？ 258
他人に嫌われる？ 260

おわりに 262

第1章

「考える」と、何かいいことがあるの？

考えることには、多くのメリットがある

そもそも、考えることには、何のメリットがあるのでしょうか？

一般に、考えることは面倒であり、時間もかかり、ある意味で「無理」をしなければならないことかもしれません。

でも、そこには計り知れないほどのメリットがあります。


1つの側面として、この「考える」という行為には、他のどの行為にもない「汎用性」、つまり、多種多様な場面に応用できるという一般性があります。

たとえば、「投げる」や「走る」という物理的な行為は（スポーツ選手でもない限りは）一日にあっても数回でしょう。

また、「怒る」や「喜ぶ」といった感情に近い行為も、そんなに四六時中起きるわけではありません。

「考え方」が変わると、すべての言動が変化する

ただ、この「考える」という行為は、ありとあらゆる場面で（やろうと思えば）ほとんど、すべての行動に伴ってできる行為なのです。

だから「考え方」が変わると、すべての言動に変化が出てきます。

もちろん、これはいい方向もあれば悪い方向もあり得ます。

本書ではそれを読者の皆さんにとって「いい方向」に持っていくためのヒントを提供することを目的としています。

では、具体的にどのようなメリットがあるのか、１つずつ見ていきましょう。

1 世界が変わって見える

これは、本当に大げさな話ではなく、考えることによる最大の変化だと言えます。

もちろん、基本的には「目に見えている」物理的な事象に変化があるわけではありません。赤いものが青くなったり、1つだったものが2つになったり、丸かったものが四角になったりするわけではなく、むしろ**「目に見えない」ものが抜本的に変化する**のです。

では、その「目に見えないもの」とは何でしょうか？

実は、これが人間と他の動物とを分けている最も大きな差ということが言えます。

それが、いわゆる**「認識」**というものです。

1つの事象を捉えても、人によって大きな認識の差が出てきます。

たとえば、1つのりんごを目にした場合にも「美味しそう」「赤がとってもキレイ」「どこで採れたんだろう？」「何の料理に使えるだろう？」といったように、人による認識は様々です。

このように、1つの「目に見えるもの」から無数の「目に見えないもの」に思いを及ぼす頭の中の行為が、他の動物に比べて決定的に発達しているのが人間の認識なのです。

「考える」という行為は、このような認識レベルに劇的な変化をもたらします。様々な目の前の事象からいかに思いを広げ、それを未来に向けていかに発展させていけるか？

これが人間の知的能力であり、その基本となるのが「考える」という行為なのです。

つまり、**人間の様々な悩みや無限の可能性も、すべてこの考えるという行為が握っている**のです。

目の前に起こっている事象は誰にとっても同じことです。でも、そこから一人ひとり違う人生が発展していくのは、ひとえにそれをどう捉えてどのように発展させるのかという個人の思考の結果が反映されているからです。

相手からの視点で考えてみる

では、思考の結果で何が変わるのでしょうか？

たとえば、日常的なコミュニケーションに変化が起こります。

「自分の視点だけではなく、相手からの視点で考えてみる」

「なぜ、相手がそう言っているのか、背景を考えてみる」

「なぜ、相手は自分と正反対の意見なのかを考えてみる」……。

このように考えるだけでも、単に「理解できないから嫌いだ」という発想が変わってくるかもしれません。

単純に1つのものを見ても、ポジティブに捉える人とネガティブに捉える人がいるのは、皆さんも日常的に経験済みでしょう。

それを「なぜ？」と考えるだけでも、ものの見方に大きな変化が表れてきます。

もし、あなたのまわりにネガティブ思考の人が多かったとしても、自分だけでもポジティブ思考に変われば、それまでの悩みが解消できる可能性があるでしょう。

さらに、まわりのネガティブに考える人たちの気持ちがわかれば、その人たちに対するあなたの見方も変わってくるかもしれません。

もちろん、嫌いな人をいきなり好きになることはないでしょうが、少なくとも「理解できる」と変わるだけでも、大きな変化になります。

また、仕事においては、単に相手（お客様や上司など）に言われたことだけをやるのではなく、「その先に」相手が何を望んでいるのか、相手が口には出してはいないが「本当に達成したいことは何なのか？」を考えることで、言われたことをやった以上のことを提案して相手に喜んでもらえるかもしれません。

「考える力」のわずかな差が、「天と地」ほどの差になる

一般的に、新しいアイデアを生み出せる人は、他の人よりも日常生活で「不満を多く感じる人」と言えます。

意外に思えるかもしれませんが、不満を感じたときにそれを愚痴で終わらせる人と、そこから「どうすれば解消できるか？」と考えて前向きにアイデアを出して改善のために行動する人とでは、それこそ、その後の展開に「天と地」ほどの差がついていくのです。

前者は「ただの不満が多い人」と周囲からは否定的な評価をされてしまいますが、後者は「アイデアマン」であり「前向きに行動する人」と肯定的な評価をされます。

スタート地点は一緒だった二者を分けたのは、その後に「考える」ことをしたかどうかなのです。

先にお話ししたように、このような「わずかだが大きい差」が「考える」という行為に関しては、日常的に無数に繰り返されていきます。

ここで挙げたような「ものの見方の変化」が、さらにどのような変化につながっていくのかを、次節以降で解説していきましょう。

2 「先が読める」ようになる

知識や経験が「過去の集大成」だとすれば、考えることはこれから先のことに役立ちます。

知識や経験を増やすことの大きな目的は、それを今後の人生に活かしていくことです。もちろん、知識や経験を増やすことそのものも人生を豊かにする目的として十分ありえます。

しかし、さらにそれを活かすためには考える力が必要です。

そもそも知的能力とは、なんでしょうか？

その1つが「一を聞いて十を知る」ことです。

先人が積み重ねたことを学ぶのも、それを自分に当てはめて別の機会に役立てることができるからです。

自分が経験したことは、学びの源として大きいことは間違いないですが、そこに応用が利かせられなければ全く同じ状況が再度訪れない限り、次に役に立つ機会はありません。

動物と人間の違いは、物事を「一般化」できるかどうか？

でも、１つの学びを異なる機会に応用させることができれば、それは大きな武器となります。

一言で表現してしまえば、動物と異なる人間の武器というのは、このように「個別事象を一般化して様々な場面に応用させる」ことなのです。科学技術がその典型的な例です。物理等の法則を学ぶことは、まさに「一を聞いて十を知る」ことです。

１つの法則が無数の応用へとつながり、それが様々な新しい技術となって人間の生活を豊かにしていくのです。

これは、他の動物とくらべて人間が圧倒的に優れている能力であり、ここに「考える力」が大きく貢献しています。

これにより「過去から未来への類推（先が読める）」が可能になります。

過去の知識や経験を活かすためには、経験そのものを増やすことも必要ですが、そこで得た知識を「そのまま」ではなく、いかに一般化できるかどうかです。一般化することで、知識や経験を何倍もの形で未来に向かって活かしていけるのです。一般化するためには「考える」ことが不可欠です。

3 「自由に」なれる

「考えることと自由との間に一体何の関係があるんだ？」と思った人も多いと思います。
でも、これらは非常に密接に結びついていて、ある意味コインの裏表のような関係になっています。

人類の歴史というのは、ある意味、自由の獲得の歴史です。

たとえば、人間の叡智の象徴とも言える科学技術は、私たちを物理的な制約から自由にしてくれました。

乗り物によって距離という制約をなくしたり、火や冷凍技術によって食物を時間という制約から自由にしたり、お金という発明によって物の交換を自由にしたり、あるいは民主主義という社会システムの開発によって独裁者の支配から自由になったりといった具合です。

これらは、すべて人間が知的創造（つまり考えること）によって生み出したことと言えます。

物理的な制約があっても、頭の中では自由に考えられる

どんなに物理的に制約されていようとも、頭の中は自由であるはずです。

つまり、これが考えるということなのです。

まずは、自由に構想することから物理的な制約を取り払うための第一歩が始まります。

これが、世界を変える様々なイノベーション（革新）に変わっていきます。

イノベーションの形は物理的な製品であったり、社会の仕組みであったりと形式は様々ですが、このようにして自由になるための仕組みが整えられていきます。

一見、自由とは正反対に見える法律や規制などの規則についても、本来はそれらがあることで、実は社会や国家といった集団の中で、より人間が自由になるために考え出されたものであると言えるでしょう。

4 AIとうまく共存できる

「はじめに」でも触れたように、今「考える」という人間の知的能力を語る上でＡＩの存在を欠かすことはできません。

　今後のＡＩの能力の発展の程度については、近い将来に人間を完全に凌駕するというものから、まだまだ当面人間の足元にも及ばないといったもの、あるいは「人間の仕事がほとんどなくなって失業者が激増する」という悲観的なものから、ＡＩと能力を補完し合うことで、さらに仕事が効率化され高度化されてくるという楽観的なものまで、様々な予測があります。

　この議論は、すぐに結論が出るものでもなく、また「人間がどうしたいのか？」といった意思によるものが大きいので、本書で結論めいたものを語るつもりはありません。

　しかし、本書の主題である「人間の考える力」という文脈で考えれば、まずは現状でＡＩが得意なことと不得意なことを整理した上で、今後ＡＩに任せればいいことと人間がさらに強化していくことを見極め、そこで「考える力」を養うことの意味合いを改めて位置づけることが重要だと思います。

これから本書で述べていくように、「AI時代」においては、これまで以上に人間の考える力の位置づけは上がることこそあれ、下がることはないでしょう。

また、前述したように将来のAIとの共存のためには人間がどうしたいのか？という意思が重要です。それを考察していくためにも、考える力の本質を理解し、強化していくことは必須です。

ここで、現時点でAIが得意なことと不得意なことを比較表でまとめておきましょう（図表3参照）。

AIでできること、AIではできないこと

あくまでも、現時点（2017年9月）でという前提ですが、AIは与えられた問題を解くことはできても、問題そのものを考えることはできません（というよりそういうミッションを与えられていません）。

囲碁の能力で人間の名人を凌駕したのは、衝撃的なことではありますが、「では、新しいボードゲームを考えよ」という命令を出しても、AIには少なくとも現時点ではなす術もないでしょう。

逆に言うと、ルールの定義（つまり「問題そのもの」）さえ明確にしてしまえば、あと

図表3　「AIが得意なこと」と「AIが不得意なこと」

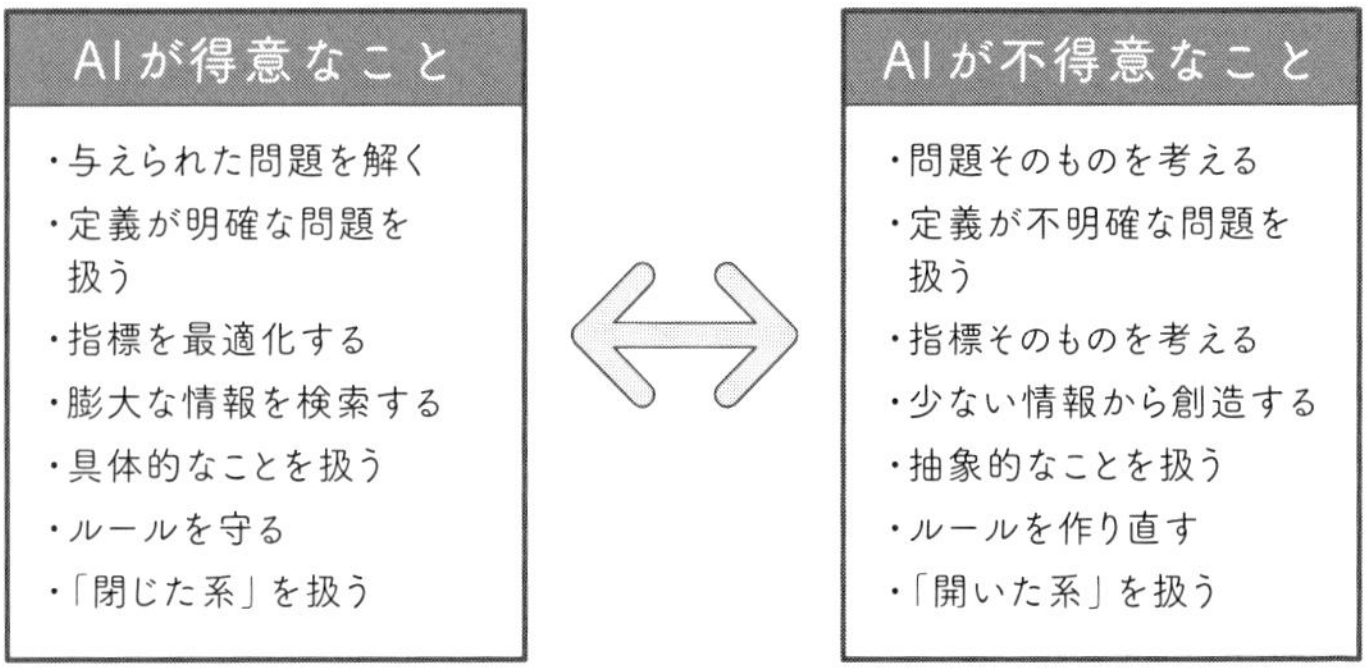
AIが得意なこと
・与えられた問題を解く
・定義が明確な問題を扱う
・指標を最適化する
・膨大な情報を検索する
・具体的なことを扱う
・ルールを守る
・「閉じた系」を扱う
AIが不得意なこと
・問題そのものを考える
・定義が不明確な問題を扱う
・指標そのものを考える
・少ない情報から創造する
・抽象的なことを扱う
・ルールを作り直す
・「開いた系」を扱う

は、圧倒的な速さでそれを解いてしまうというのが、囲碁でＡＩが証明してみせたことと言えます。

ただし、これは「問題」を明確に定義できる場合に限ります。

問題の定義が囲碁や将棋のように曖昧さがない状態で定義できれば、それはコンピュータにとっては得意中の得意の領域に入ってきます。

たとえば、ビジネスにおいて「売上を上げろ」という課題を与えても、一見問題として明確に思えても、取りうる手段の可能性を明確に定義できるものではないので、現状では「変数が多すぎる」（あるいはどこまでが変数でどこからが変数でないかが曖昧な）ために、ＡＩにとっては飛躍的に難易度が高い問題となります。

「変数」という言葉を使いましたが、ここでいう変数というのは、問題を解く上でのものの見方というふうに解釈できます。問題の定義＝変数の定義ということもできます。たとえば、ビジネスで言えば、価格、顧客満足度、ブランドイメージ、従業員満足度、経営陣のマネジメント能力……といったものが「変数」になります。

これらの変数は、変数そのものを列挙しきることも事実上不可能ですし、変数そのものの定義もデジタルにすることが難しいこともあるため、問題の難易度としては、ボードゲームよりは飛躍的に上がっていきます。

AIは「目的を考える」ことはできない

「問題」は「目的」と言い換えることもできます。
ボードゲームであれば「相手に勝つ」（一定ルールの下で）ことが明確な目的です。目的を明確に定義すれば、そのための手段を最適な形で提示するのが現状AIが得意とするところです。

しかし「目的を考える」ことは、AIはまだできません（そういうミッションは与えられていません）。したがって「目的を考える」ことも、人間がやるべき重要なことと言えます。

問題を明確にするということは、何が問題で何が問題でないかを明確にすることでもあります。ＡＩは、境界が明確に定義された「閉じた系」については力を発揮しますが、境界が曖昧な「開いた系」を対象とするのは苦手なのです。

逆に、ＡＩが得意な領域としては、膨大な知識や量を必要とすることです。囲碁や将棋において、膨大な手数の可能性を列挙して１つずつ検証していくようなプロセスや、弁護士や医師の仕事のように、それまでに積み上げた膨大な事例を検索して最適な解を導き出すことに関しては、データベースの量と検索速度は人間とはまさに「桁違い」です。

人間は、人間にしかできないことに集中する

でも、これは、裏返せばＡＩの弱点にもつながります。

データや情報が十分にない世界で「行間を読む」ことに関しては、ＡＩは人間に劣ります。人間は、わずかな情報からいわば「勝手に」想像・創造をすることができます。

「曖昧性」に関して触れておくべきもう１つの側面が「具体か抽象か？」という点です。これまでは、ＡＩへの指示や与える条件は極めて具体的で、解釈の自由度が低い（ない）ものでなければなりませんでした。

要は「誰が解釈しても同じ結果が出る」ようなレベルで指示を出す必要があるため、具体的である必要があったのです。ここがもう1つのAIの弱点でした。

よくも悪くも、曖昧性を許容するのが難しい点が、逆に人間の強みを浮き上がらせます。人間は抽象的な言葉で会話をし、想像力を発揮することができるのです。

後ほど詳述しますが、人間にとって「抽象化」というのは、動物と比較した場合に圧倒的な知的能力の源泉になっています。

具体的な命令しか扱えない限り、AIは「言われたこと」しかできません。

ただし、この領域にもAIが足を踏み入れだしたのが近年のディープラーニングによる学習です。様々な写真を見てそれが犬か猫かを判断するような「パターン認識」は、ある意味で抽象化の一種です。これが高度化してくると、知的能力としては、かなり人間に近づいてくることは間違いありません。

以上述べたように、AIが得意なこと、不得意なことを頭に入れておくことは重要です。

AIが得意なことについては、どんどんAIにやらせ、人間は人間にしかできないことに集中することで、私たちの日常が豊かになっていきます。そのための最も強力な武器の1つが、本書のテーマである「**自ら考えること**」なのです。

5 仕事や勉強ができるようになり、人生が楽しくなる

「考える」ことには様々なメリットがあることは、ここまでのお話で理解してもらえたかと思います。

ただし、本書の最後で触れるように、考えることによるデメリットもたくさんあります（そもそも絶対的に良いものも悪いものもなく、正しいものも間違っているものもなく、すべては環境や状況次第であるというのは本書のキーメッセージの1つです）。

そのようなデメリットも踏まえた上で、やはり、考えることには大きなプラスがあります。

究極的に言えば、「考えること」自体が私達の幸せにつながらなければ、一生懸命習得して実践したところで意味はありません。

つまり、**「考えること」が日々の仕事や勉強、あるいは、日常生活を含めた人生そのものに潤いを与え、楽しく過ごせるようになるというのが究極の目標**です。

ただし、それには多少のトレーニングも必要です。

それはスポーツや習い事、あるいはダイエットと全く一緒です。

いざできるようになってしまえば良いことはたくさんあっても、そこにたどり着くためには、今までの習慣を変えたり、そのためにある一定の時間を取って練習をしたりすることも必要になるでしょう。

本書は、そこに必要なことをサポートするためのものと考えてください。

では、次章以降で1つずつ具体的な道筋を示していくことにしましょう。

第2章

「気づき」＝無知の知で勝負が決まる

「無知の知」を知っていますか？

「考えること」のメリットがわかったところで、まずは「考えることに目覚める」ところから始めることにしましょう。

「覚醒編」ではありますが、実はここが一番ハードルの高いところかもしれません。

なぜなら、考えることは純粋に自主的な行為であるために、「考えている人」と「考えていない人」との差は「そもそも考える姿勢をもっているかどうか？」＝「目が開いているかどうか？」が大きいからです。

そのために不可欠なキーワードが「**無知の知**」です。

無知の知――考えるには「自分はバカだと思う」ことから

哲学の父とも呼ばれるソクラテスは「無知の知」という考え方を基本としました。

文字通りの意味は「**無知であることを知っていること**」が重要であるということです。

要するに「自分がいかにわかっていないかを自覚せよ」ということです。

図表4　「無知の知」を自覚することから始まる

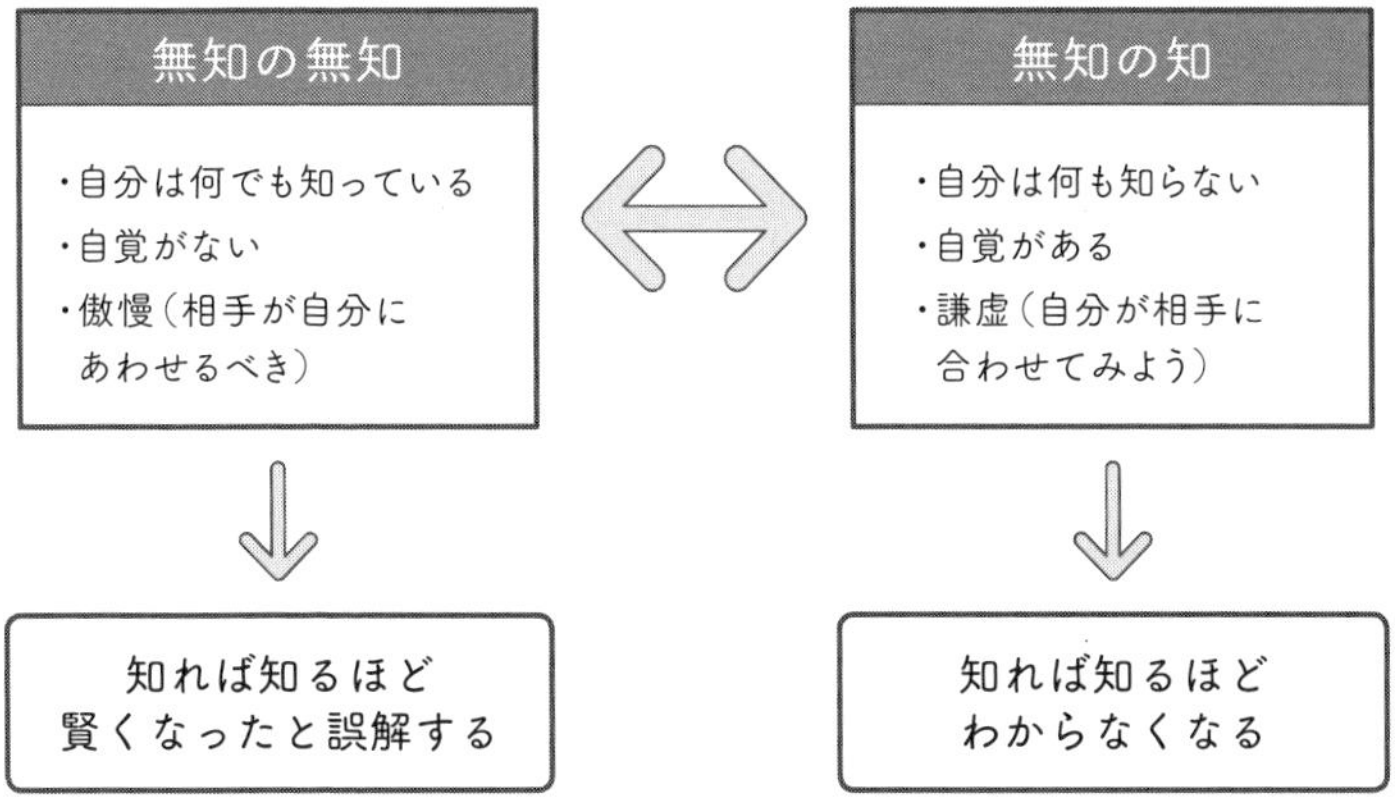
無知の無知
・自分は何でも知っている
・自覚がない
・傲慢（相手が自分にあわせるべき）
無知の知
・自分は何も知らない
・自覚がある
・謙虚（自分が相手に合わせてみよう）
知れば知るほど賢くなったと誤解する
知れば知るほどわからなくなる

言い換えると「知らないこと」よりも「知らないことを知らないこと」の方が罪深いということです。

「自分がいかにわかっていないかを自覚すること」……。

これが物事を自分の頭で考えるための本当の第一歩です。これはいくら強調しても強調しすぎることはありません。これから続く様々な解説の基本中の基本になっているのがこの考え方です。

「自分がわかっていないことを自覚している人」は、安易に自分の正しさを主張せず、また相手の言い分も尊重します。

また、未知のものへの好奇心も旺盛なはずで「過去の栄光」にすがらずに未来に向けて着実に前進し、必要に応じて変化していきます。

新しいものをわけもわからずに信じない代わりに、初めから否定もしません。

「実るほど頭を垂れる稲穂かな」

という日本古来のことわざは知の世界でも完全に当てはまるのです。

「相手視点で考えるべし」とか「常に目的を意識すべし」とか「当たり前」のことを聞かされたときに「本当にわかっている人」ほど「そんなことわかっていますよ」などとは言わずに「本当にその通りですよね。なかなか実践できないんですよ」という反応をします。

たとえば、何かを学習するときに、「基本が大事」という「当たり前中の当たり前」のことを聞いた場合でも、達人ほど「その通りだけどそれができないんだよなあ……」という反応をします。

これに対して「中途半端にできる人」は、「そんなことよくわかってるんだけど、『その先にあるテクニック』を知りたいんだよなあ……」という話になるわけです。

これなどは、まさに「無知の知」の実際の例といえるでしょう。

「無知の知」は、本書の各項目で改めてまた言及することになります。これを日々意識するだけでも大きな変化があるはずです。

「気づいたら」勝負はついたも同然

【会社の同僚AさんとBさんの会話】

A：「なんか最近『ダメ上司につける薬』っていう本が売れてるらしいね」

B：「そうそう。あれ読んでまさにうちのC課長に読ませたいって思ってたんだけどね……」

A：「けど？」

B：「この前C課長の方から、その話を始めてね。『最近、〝ダメ上司につける薬〟っていう本がバカ売れみたいじゃない。いるんだよね、どこの会社にもそういう困った人たちが。D部長にも読んでほしいよね』だって。目が点になっちゃったよ」

前項で解説した「無知の知」とは、平易な大和言葉で表現すると「気づき」とほぼ同義と言えます。

要するに「気づき」というのは問題への気づき、つまり何が悪いのか、何ができていないかへの気づきだということです。

たとえば「論理的でない人」の最大の問題点は、自分が論理的でないことに気づいていないないことです。仕事が非効率な人の問題点は、それが非効率であることに気づいていないことです。

「お役所仕事」をしている人の問題点は、ずっとその仕事をしているとそれが（意味もなく形式的で規則至上主義であるという点で）「お役所仕事である」ことすらわからなくなってしまっていることです。

「非効率な会議が多い」会社の最大の課題は「実は、それが非効率ではなく必要なものである」と思っている社員がほとんどであることが多いことです。

「ああ酔っちゃって、もう運転なんか無理だ」と言っている酔っぱらいと「まだまだ酔っていないから運転ぐらいしても大丈夫だ」と言っている酔っぱらい、どちらが「たちが悪い」でしょうか？

よく「常識にとらわれるな」とか「既成概念を打ち破れ」という言葉が世の改革者から唱えられることがあります。当然、対象は（そのような改革者にとって）「常識にとらわれている（ように見える）人」であり「既成概念にとらわれている（ように見える）人」であるわけですが、この言葉、そのターゲットの人たちに響くことは、ほとんどないと言えます。

なぜなら「常識や既成概念にとらわれている人」の最大、かつ根本的な要因は「とらわれていることに気づいていないこと」にあるからです。

図表5　気づくためには「メタの視点」が必要

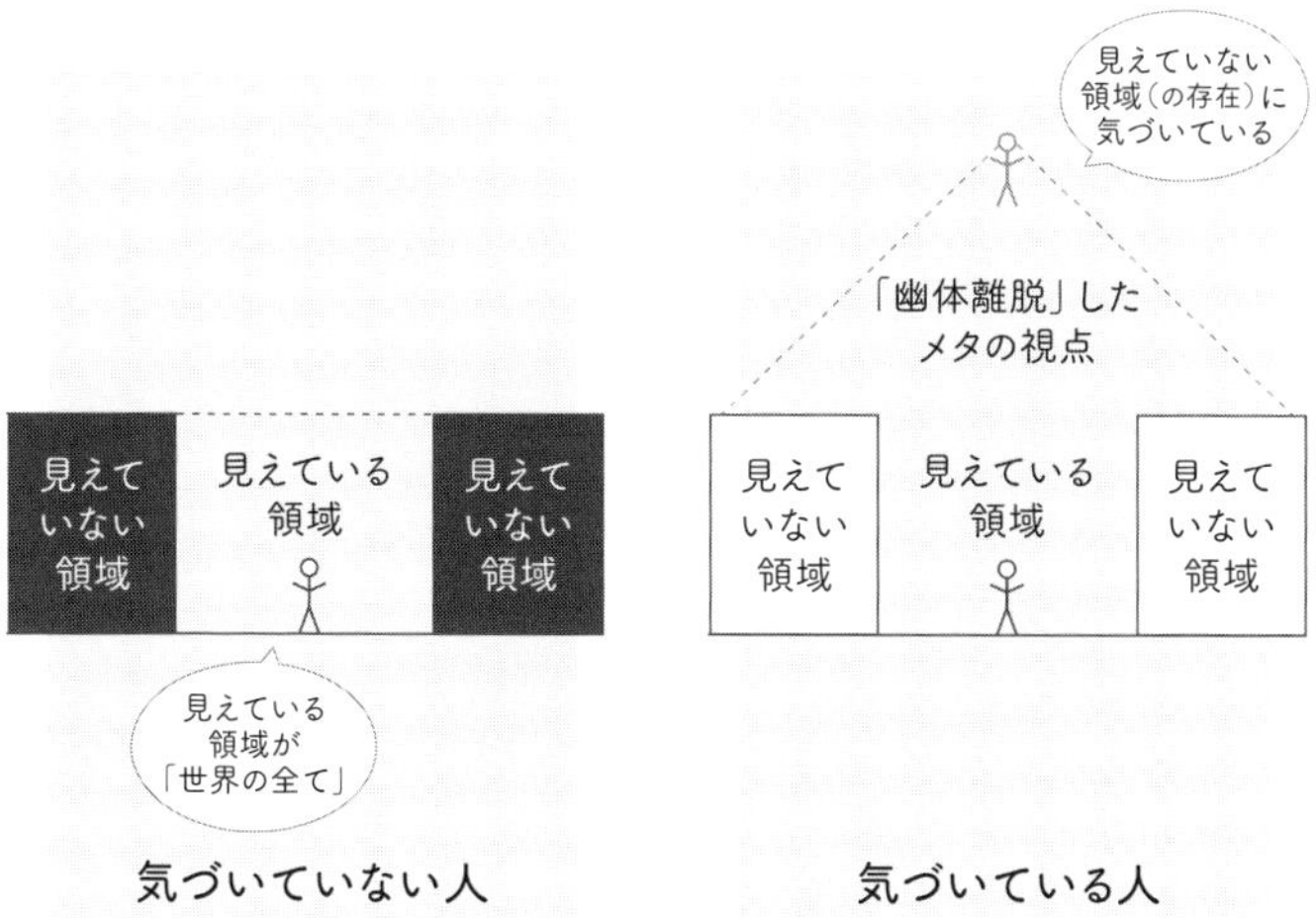

「とらわれている」という状態は、それを外側から見ることでしか認識できません。だから、その状態がわかる＝とらわれていない人だけなのです（図表5参照）。

メタの視点が持てるかどうか？

上図で示すように「自分を外側から客観的に見る」のが無知の知を認識するための「**メタの視点**」です。

まずは、この構図を理解することで、「とらわれている自分に気づいていない自分」を認識することが気づきの第一歩なのです（そのために何をすればいいかを、この後に数々の練習問題とともに解説していきます）。

新しい改革や変化に抵抗を示す人は（改革

側の視点で）「抵抗勢力」と呼ばれることがあります。改革側からすれば「世の中抵抗勢力ばかりだ」ということなのでしょうが、では「自分がその『抵抗勢力』だと思う人は手を上げてください」と言っても、恐らく手を上げる人は、ほとんどいないでしょう。これが「抵抗勢力」という言葉の示すところで、このような構図は他にもたくさんあります。

常に自責であること

43ページの冒頭の会話に戻りましょう。

「ダメ上司のための本」は、決して「本当のダメ上司」は読みません。「自覚がない」ことが根本原因だからです。

だから、本当に考えていない人は、本書を決して手に取ったりしません。もしかして読者の皆さんは「自分が考えることが苦手だから」と思って本書を手に取ったのかもしれませんが、皮肉なことに、もうその時点で皆さんは考えることに関しては既に「上位の何割か」に入っています（したがって、もうひと踏ん張りすれば「かなりいい線」までいくことが見えているということです）。

このことを解決するための一つの手段が「**常に自責であること**」、つまり、原因は常に自

図表6　思考回路を起動させるキーワードは「自責」

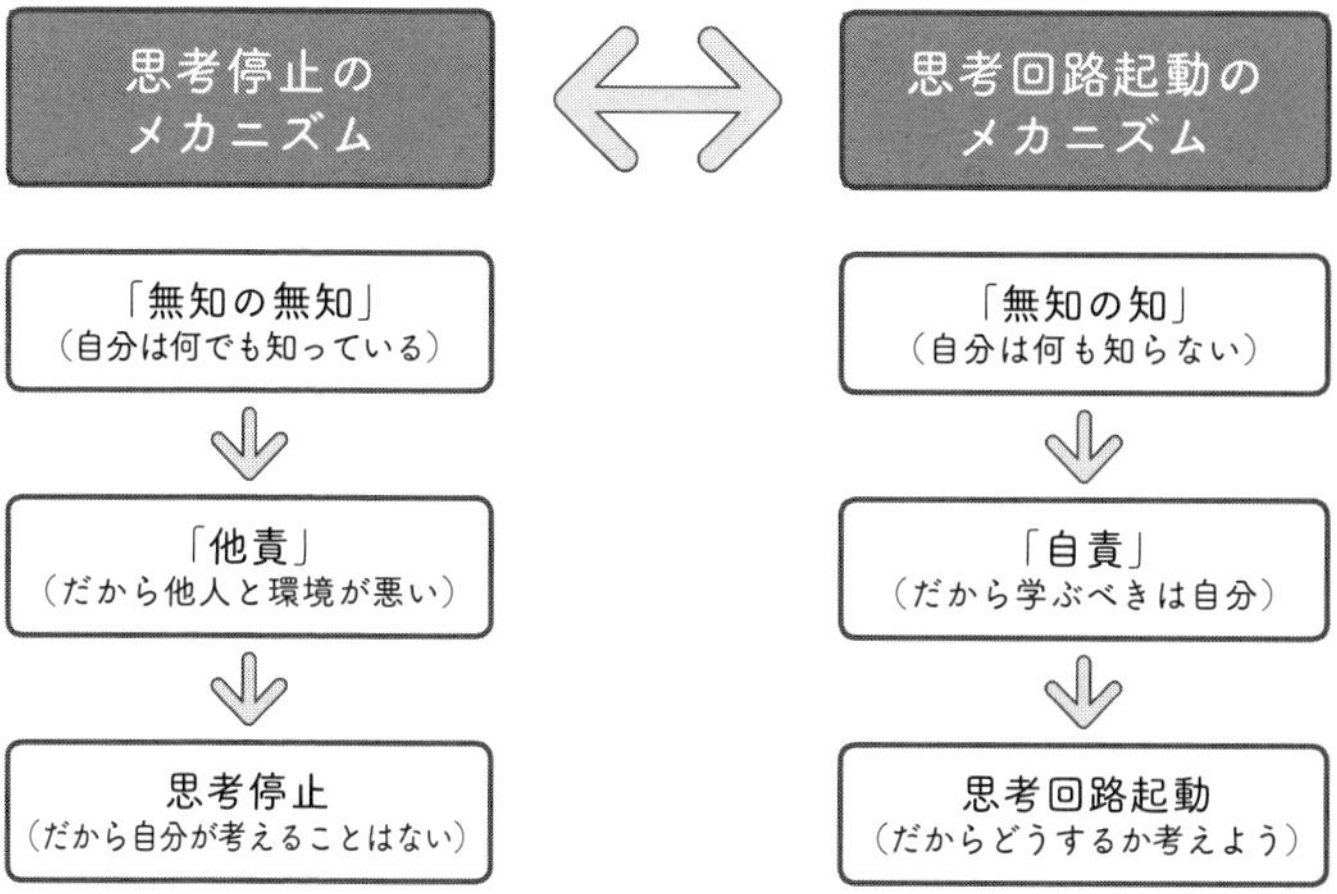
思考停止のメカニズム
思考回路起動のメカニズム
「無知の無知」
（自分は何でも知っている）
「無知の知」
（自分は何も知らない）
「他責」
（だから他人と環境が悪い）
「自責」
（だから学ぶべきは自分）
思考停止
（だから自分が考えることはない）
思考回路起動
（だからどうするか考えよう）

分にあると考えることなのです。気づきが得られないというのは、「原因が他者や環境にある」と考えることと密接につながっています。

思考回路を起動するためのメカニズムを思考停止のメカニズムと比較して示すと、上図の通りです。

本書で主張している様々なメッセージが、実は、つながっていることがおわかりいただけるでしょう。

考えるとは「疑ってかかる」こと

前述の「無知の知」が「考えること憲法の前文」（基本の大前提となるもので、考えるためのすべての原点になるもの）とすれば「第1条」がこの「**疑うこと**」です。

要は「**自分の頭で考える**」**ということは、すべてのことを鵜呑みにせず、言われたことや見聞きしたことに対してすべて疑ってかかり、必ず自ら検証し、他人とは違う自分なりの見解を導き出すこと**です。

先述の「前文（無知の知）」を根本的な考えとしたのは、哲学の父のソクラテスでした。この「第1条」で有名なのは、哲学に加えて数学という「考える」ための二大学問においていずれも大きな業績を挙げて、それらの基礎を築いたフランスのルネ・デカルトです。

幾何学の基礎を築き、数学者としても大変有名なデカルトですが、彼の残した哲学上の業績がこのような「**方法的懐疑**」の浸透です。

彼は、ありとあらゆるものを疑ってかかりましたが、最後に残った「疑いようのないこと」が、疑っている自分自身の存在でした。

そこから出てきた言葉が、よく知られている、

「我思う、故に我あり」

という言葉です。

これもまた極端な疑い方ですが、要は、**考えることの基礎には疑うことがある**ということの端的な表れといっていいでしょう。

なぜ、疑うことが重要なのか？

では、なぜすべてを疑ってかかることが重要なのでしょうか？

それは**「自分の頭で考える」ことの対極にあるのが「他人の意見にむやみに従う」**ことだからです。自分の頭で考えるとは、自分なりに他人と違う見解を出すことであるなら、当たり前に見える周りの事象に対して疑問を提示し、では実際はどうなのか？ を他の誰でもない自分自身の見解として導き出すためには、すべてを疑うことから始まるのです。

デカルトは17世紀の人ですが、21世紀に生きる私たちには、さらに「疑ってかかること」の重要性がはるかに大きくなっています。

それは、近年のインターネットやＡＩの飛躍的発達により、単なる知識が簡単に手に入るようになったからです。調べれば何でもわかるようになった半面、そこにある情報は、どこの誰がなんの根拠を持って発信しているものか、簡単には検証ができません。したがって、まず入手した情報が本当かどうか、自分の頭でしっかりと検証していく姿勢が重要になってくるのです。

では、なぜ世の中には「簡単には信じてはいけない情報」が氾濫しているのでしょうか？

もちろん、インターネット上には悪意を持って他人を撹乱しようとする人もいますが、それはあくまでもほんの少数のはずです。

むしろ問題なのは、発信している側が悪意を持たずに発信していることや「世の中で正しいと思われている」ことの方です。

絶対的に「正しい」「間違い」は存在しない

なぜ、このようなものも含めてすべてのことを疑ってかからなければいけないのか？

ここでは、2つの大きな要因を挙げて起きましょう。

1つ目は「正しい」「間違い」といった意見は、ほとんどの場合絶対的なものではなく「状況による」ものがほとんどだからです。

ところが、人間というのは自分が置かれた状況がすべての人と同じであるという前提で物事を論じがちです。

自分が成功したやり方は、すべての人にうまくいくはずだという思い込みからこのような「間違った」意見が世の中に広がるのです。だから、これはその当人や関係者にとっては「正しいこと」でも、状況が変われば「間違い」にも十分なりうるということです。ここでも問題は、そのような主張をしている人が「部分しか見ていないことに気づいていない」という「無知の無知」（無知の知の逆で、無知であることを自覚していない状態）に陥っていることです。

このようなことが起きる要因の大きなものとして、世の中の大多数の人が信じている常識やルールは環境の変化によって陳腐化することが挙げられます。

にもかかわらず、一度大多数に正しいと思われた常識、子供のときに身につけた価値観や一度覚えた仕事の価値観というのは、なかなか変えることができません。このために先に説明したようなことが後を絶たないのです。

このような懐疑の矛先を向けるものの1つに「自分自身」があります。いわゆる「頭の固い」（あまり物事を考えずに1つの考えに固執する）人たちの特徴として、自分の信じている価値観を疑わないことが挙げられます。ある意味で、これは生きていく上での「信念」として重要な場面も多い半面、柔軟な発想を阻害する諸悪の根源ともなりえます。

このような状態から抜け出すためのきっかけが、この**自分自身の価値観を疑ってかかる**ということです。

考えるとは「自己矛盾を知る」こと

「お前のものはオレのもの。オレのものもオレのもの」

言わずと知れた、ドラえもんに登場するジャイアンの「名言」です。

この言葉、実に人間心理の本質を突いています。

また、それ故に私たちが「自分の頭で考える」ために必要な様々なことを教えてくれます。

まずは、この言葉の文字通り、人間は「自分勝手」だということです。言い方を変えると、自分が見る自分と他人が見る自分は大きく異なっており、そのことに本当の意味で気づいていないのです。

ところが、私たちは暗黙のうちに他人も自分と同じように考えている（さらに正確に言うと、「自分が相手について考えているのと同様に相手も自分について考えている」）という前提で考えてしまいがちです。ところが、これは「大いなる勘違い」です。

たとえば、

「貸した金はいつまでも覚えているが、借りた金はすぐに忘れる」

「お世話したことはいつまでも忘れないが、お世話されたことはすぐに忘れる」

「自分のことは特別だと思うのに、他人のことはまとめて一般化する」（○○人って××だよねとか、□□業界の人って△△だよねといったことは安易に言いますが、自分にその言葉が及ぶと、あまり愉快には感じないことが多いでしょう）

といったようなことを日常的に感じることはないでしょうか？

この他にも、たとえば、私たちはよく他人に対して「あの人はこちらのことなんかちっともわかっちゃいない」という不満を持つことがありますが、「いかに自分が相手のことをわかっていないか」について自覚することは、ほとんどないでしょう。

いや、自分は周りの人のことをちゃんと考えていると、もし自分で思っているとしたら、それこそがまさに「自分勝手な」ことを象徴していると言えるでしょう。

認知バイアスに気づいているか？

もう1つ、この「ジャイアンの名言」には、極めて人間心理の本質的なところを突いていることがあります（むしろ、こちらの方が本書で本当に言いたいことです）。

それは、この言葉を聞いたほとんどの人が「そういう自分勝手なやついるよなあ……」

と、周りの他人を思い浮かべ、ジャイアンを嘲笑の対象としてしまうことです。

そう考えてくると、私たちが「自分勝手だなあ……」と笑う対象にしているジャイアンの方が、実は、それを自覚して公言している分、私たちの大部分よりはるかに「上手を行っている」ことになりそうです。


ここでも重要なのは「無知の知」です。

「偏っている」こと自体はほとんどの人にあることですから、それ自体は大した問題ではありません。むしろ、大きな問題は「偏っていることに気づいていない」ことなのです。

このような心理的な偏り（心理学で**認知バイアス**と呼ばれます）は、様々な自己矛盾に気づかないという形でも表れます。

要は「**言っていることとやっていることが違う**」という状態です。


ここで言う「言っていること」というのが、自分中心で考えている視点で、「やっていること」というのが（形に表れているという点で）他人からそう見えているという視点です。

ここでもまた、最大の問題は、**自己矛盾には自分では極めて気づきにくい**ということです。

あなたの周りによくある自己矛盾

あなたの周りによくある自己矛盾を挙げてみましょう。

★「言葉より実行だ」という言葉（本当にそう思っている人はこの言葉すら発することなく日々「黙々と」実行しているはずです）

★「あの人は他人の批判ばかりしているからだめなんだ」という批判（「そう言ってるあなた自身はどうなのよ？」）

★「うちの課の若い者は仕事ができないのをすぐに他人のせいにするんだよ。だからいつまでたっても課の業績が上がらないんだ」という課長のつぶやき（こんな言葉、本当に日本中から聞こえてきそうです）

この他にも、このような例はいくらでも挙げることができます。

本当に悲しいぐらいに人間は自己矛盾に気づかないのです（……そう言っているこの本自体が、恐らく著者の気づかない自己矛盾であふれていることでしょう）。

自分の頭で考えることの前提として、このような自己矛盾を（なくすのではなく）認識しておくことが非常に重要です。たとえば、第5章で述べる「上から見る」ことというのは、このことに対しての有効な方法と言えるでしょう。

練習問題 1

1. 以下の言葉のどこが自己矛盾なのか、
チェックしてみましょう。

◎「多様性を認めないのは、絶対におかしい」という意見

◎「他人の意見に左右されるな」というアドバイス

◎（営業担当者が顧客への）「競合の悪口を言う会社がよくありますけど、信用しない方がいいですよ」という助言

◎「具体的にしてくれって、何度言ったらわかってもらえるんでしょう?」という指摘

2. その他、身の回りの「自己矛盾」を探してみましょう。

◎ まずは（見つけやすいので）「他者から」始めてみるとして、本当に大事なのは「自分の中の自己矛盾」を見つけることです。

考えるとは「3つの領域」を意識すること

ここで本書に共通するものの見方として、**「3つの領域」**の考え方を示します（この考え方を有名にしたのはラムズフェルド元米国務長官です）。

既に紹介した「考えること憲法の前文」とも言える無知の知を普段から自覚するうえでも重要なものの見方です。この「3つの領域」をシンプルに示したものが61ページの図表7です。

私たちの身の回りの事実や出来事、あるいは、ものの見方といったものを「それを知っているかどうか」で分けたものです。

単純に考えると「知っていること」と「知らないこと」の2択になりそうな気がしますが、それを少しだけ違う観点から分けている結果、3つになっているところがポイントです。

それは「知らないこと」をさらに2つに分けて、「知らないと知っていること」と「知らないことすら知らないこと」に分類したことです。

3つを順番に見ていきましょう。

(1)「知っているの知っていること」

まず中心にあるのは、いわゆる知識、つまり「知っていること」、さらに言えば「知っていると知っていること」です。

言語で言えば、個々の単語の意味であったり、学生時代に一生懸命に暗記した歴史上の出来事や世界地理、元素記号等がこれに相当します。

あるいは、そのような単なる断片的な知識のみならず、車はなぜ動くのかとか、どうすれば美味しい料理ができるかといった、いわゆるノウハウもここに属すると言っていいでしょう。この領域については、最もイメージしやすいのではないかと思います。

(2)「知らないと知っていること」

続く二番目が「知らないこと」のうちの1つ目、「知らないと知っていること」です。通常、私たちが「知らない」というときには、このことを言うことが大部分であるかと思います。

たとえば、自分は専門以外のことはよく知らないとか、海外のことはよくわからないといった具合です。このような知らないことを調べるために、私たちはインターネットで検索をしたり、よく知っていそうな人に聞いたりといった行動をとります。したがって、このように「知識を得る」というのは、「二番目の領域」を「一番目の領域」に変えていくことです。

（3）「知らないことすら知らないこと」

ところが、実は「考える」ことを意識するうえで重要なのは、この領域のさらに外側、三番目の「知らないことすら知らないこと」、未知の未知という領域なのです。

ここが先の「無知の知」の概念とつながります。

「無知の知」の実践とは、自分は知らないことすら知らないことや、気づいていないことすら気づいていない、そのような膨大な領域があるということを意識しておくことなのです。先の知識との比較で言えば、考えるというのは「三番目の領域」を「二番目の領域」に変えていくことをも意味します。

人は、ついついここでいう三番目の領域を忘れがちです。するとどうなるかと言えば、自分が全く想定していないものや理解できないことを経験したときに、それを否定にかかります。いわゆる「頭が固い人」です。これは知識がない「無知の人」よりは、むしろ知

図表7　「考える」には「3つの領域」がある

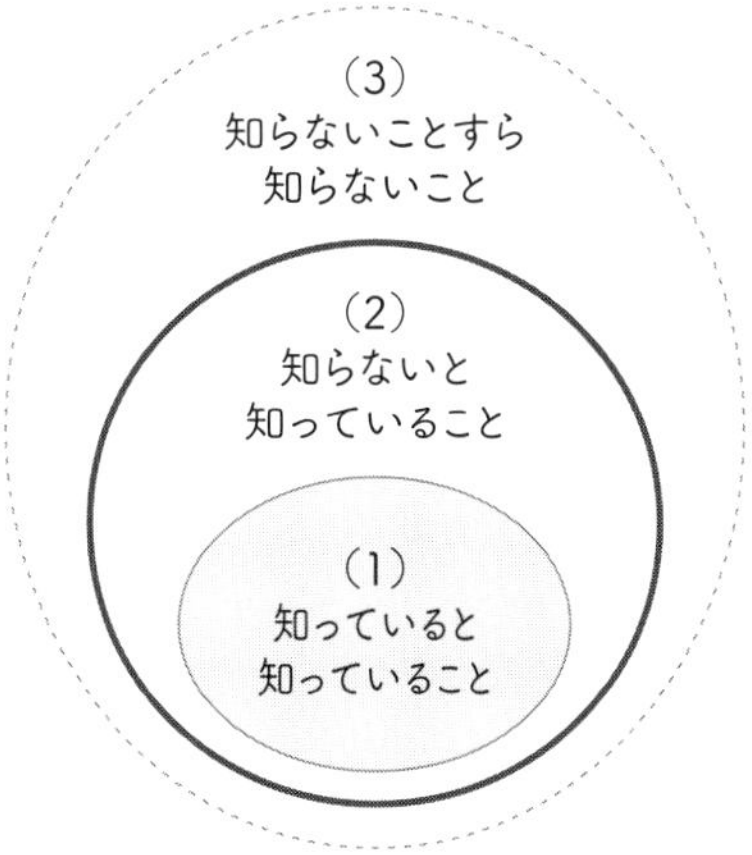

識を多く身につけた「専門家」に見られる傾向です。ここでも知識と思考が相矛盾する逆方向のものであることがわかります。

ここまで紹介してきた「3つの領域」の話を、私たちが行っている日々の問題解決と結びつけてみましょう。

「問題解決」といっても難しいことではありません。私たちの日常生活は、問題解決の連続です。どの服をいくらでいつ買おうかと考えた後に、ある意思決定をする、これも問題解決ですし、友人や知人からの誤解を解くのも問題解決。仕事で言えば、売上を上げたり、お客様の満足度を上げたりするにはどうすればいいか考えて、何らかの施策を打つのも問題解決です。

私たちの身の回りの事象を「問題があるか？」「答えがあるか？」の2つの観点で

図表8 「考える」ことの主戦場は問題発見

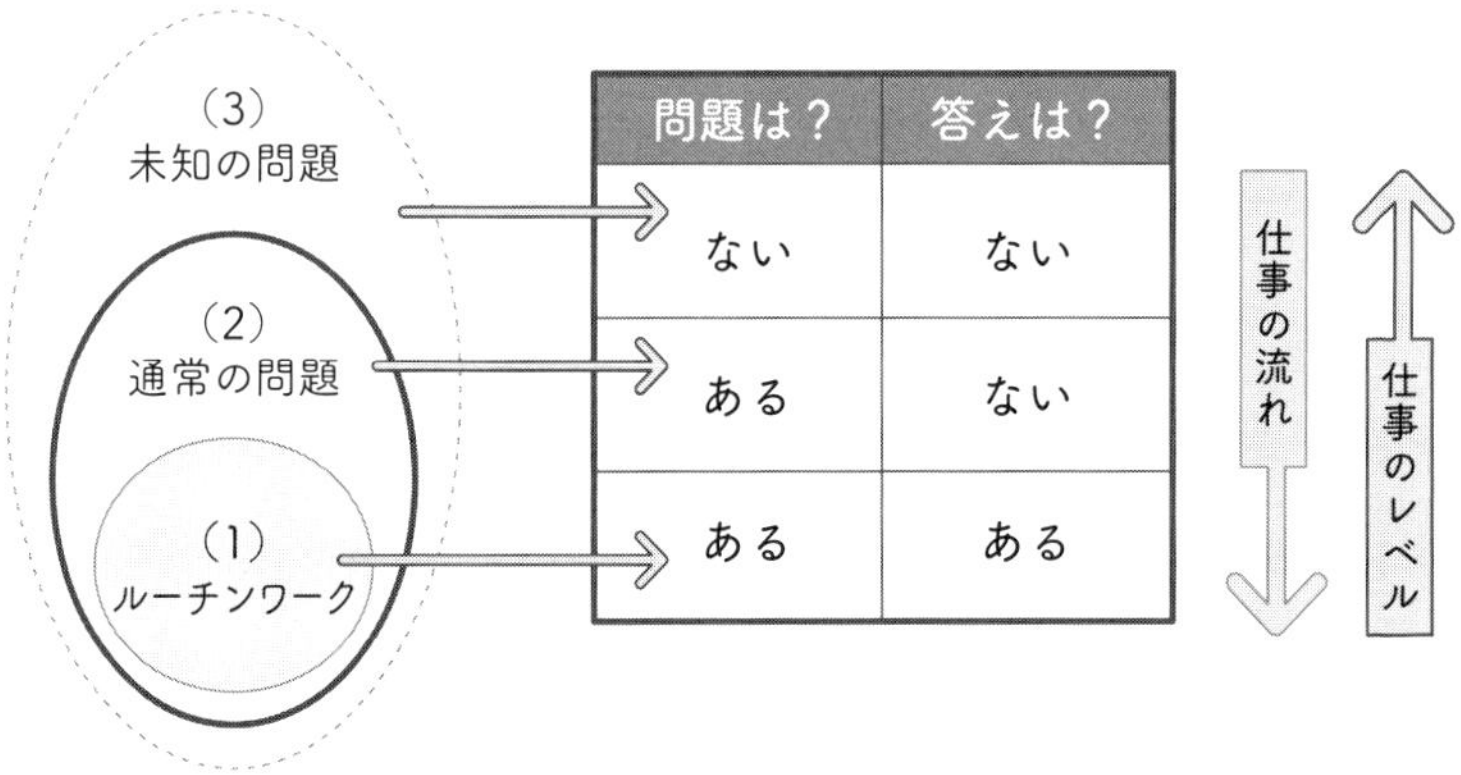

「Yes／No」を3つの領域に分けて対応させると図表8のようになります。

すなわち、いわゆる知識に相当する「一番目」の領域とは「問題も答えもある」領域、二番目の「知らないと知っている」領域は「問題はあるが答えはない」領域で、三番目の「知らないことすら知らない」領域というのは「問題すらも見えていない」領域のことです。

問題解決のプロセスというのは、まず問題が発見されて定義され、その後にそれが解決されて知識になるという手順を踏みます。

ですから、(3)→(2)の流れがいわゆる問題発見で(2)→(1)の流れが(狭い意味での)問題解決ということになります。

人間がやるべきことは問題発見の分野

最近のＡＩの動き、たとえば人間の名人を負かしたアルファ碁の事例をみていると、従来は一番目の領域を着実にこなすのがミッションだった機械が、かなり二番目の領域にまで入ってきていることを思い知らされます。

したがって、人間がやるべきところは（３）を（２）に変える、つまり問題発見の分野ということになり、これがまさに本書のテーマである「考える」ということの主戦場になっていくのです。

要は、問題解決を川上から川下へという川の流れにたとえれば、川下の仕事から順々に機械化やＡＩ化が進み、人間ならではの仕事は、川上の仕事に限られていくことになるでしょう。ここで必要な力がまさに（知識量ではなく）自ら考える力ということになるのです。

考えるとは「川上」と「川下」の違いを理解すること

無知の無知の主因ともなる「部分を全体と勘違いしていること」への気づきを促すための非常に重要な概念として**「川上と川下」**という概念を紹介します。

それは、世の中で語られる経験談やメッセージが部分的（個人的）な知識や視点にもとづいているにもかかわらず、それに気づいていない人がほとんどである原因の大部分が、この「川全体のどこを見ているのか？」によっているからです。

「川上」「川下」とはどういうことか？

まずは、定義から説明していきましょう。

「川上」「川下」というぐらいなので、文字通り川の流れをイメージしてもらうのが一番わかりやすいと思います。川というのは山の中にその源を発し、最後は海へと流れ込みます。その過程において、川上から川下へと川そのものの性質が変わっていきます。

その違いを示したのが図表9です。

図表9　上流と下流の特徴

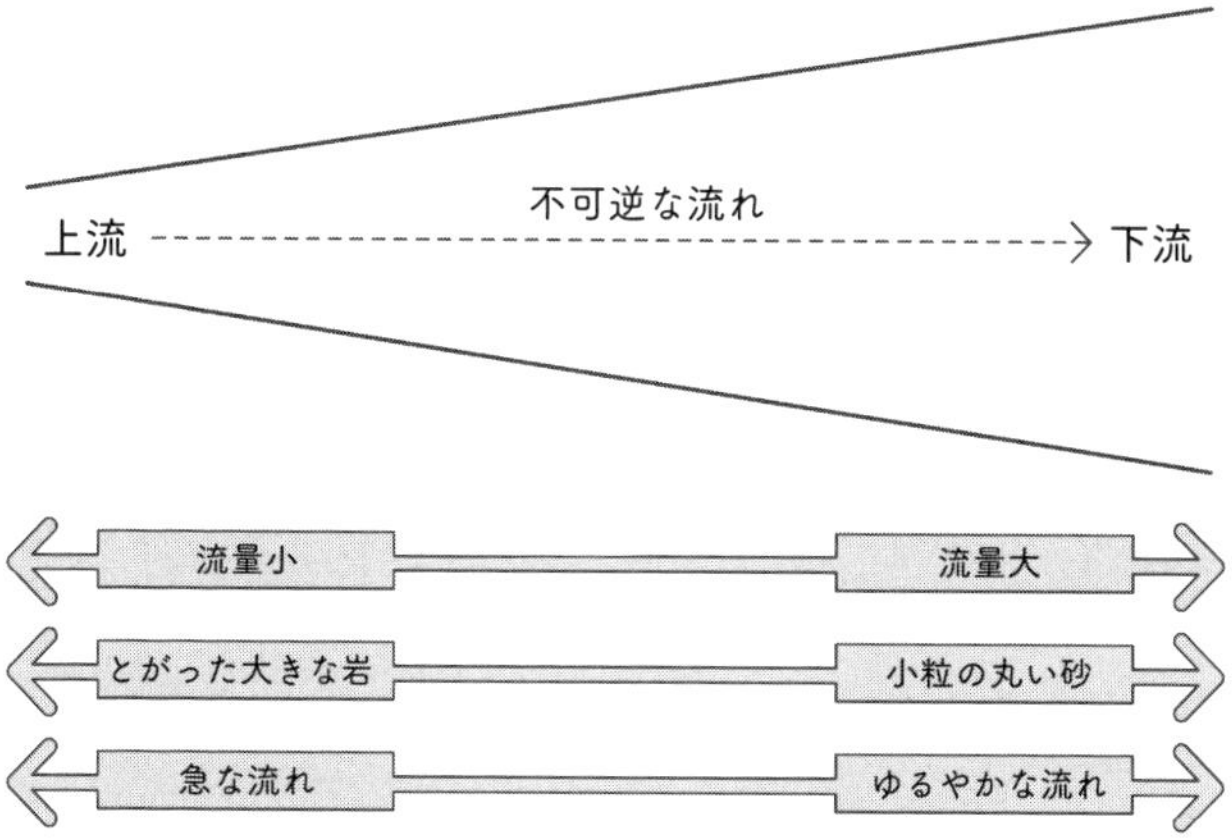

図表10　「川上」に行くほど考えることが重要になる

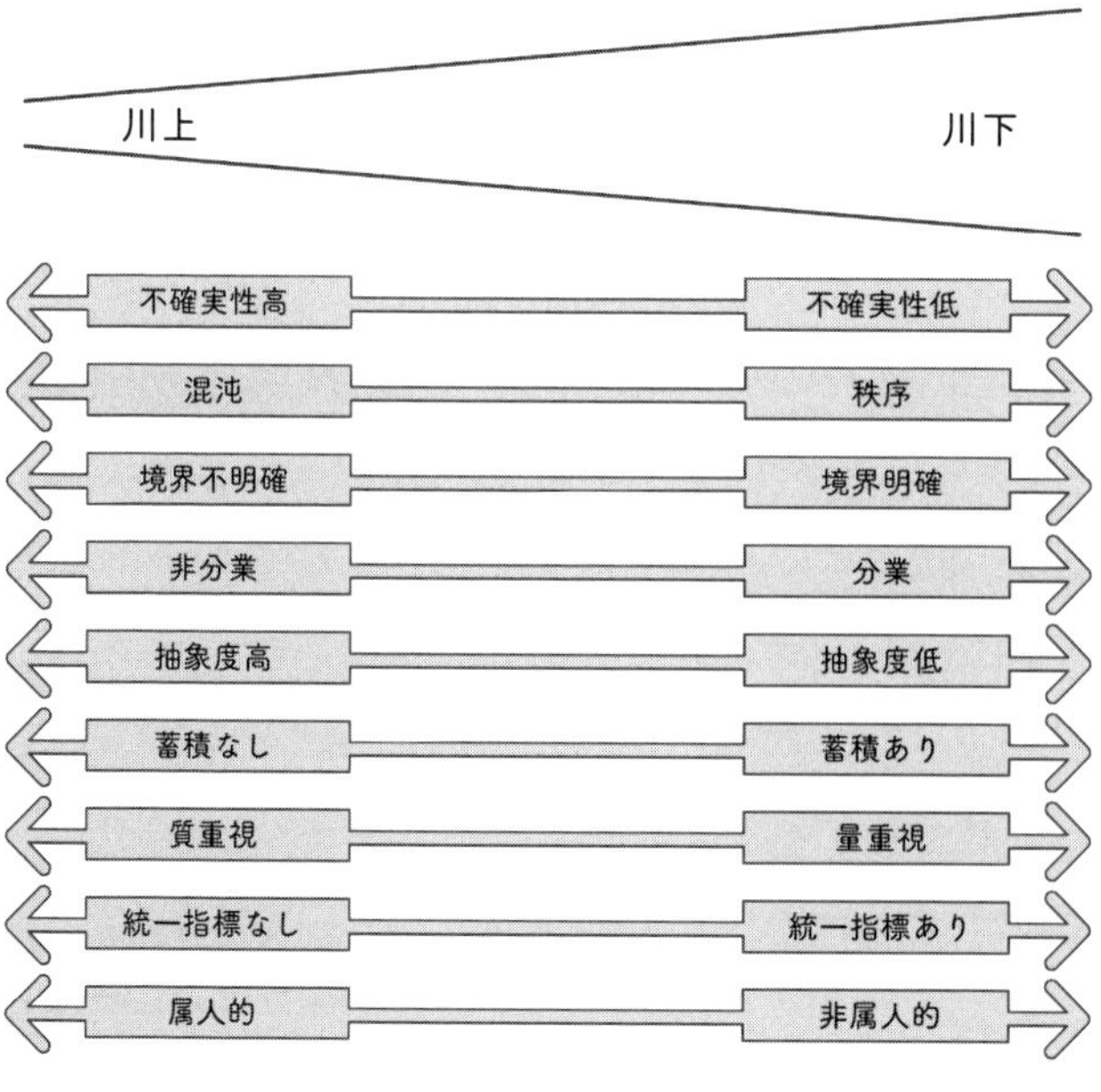

川というのは一方向に川上から川下へ流れていき、自然界では、それが逆に流れることは、ほぼありません。その特徴としては、大きく以下の4つがあります。

1 流れは不可逆であること
2 水の量は、川下に行くにしたがって増えていくこと
3 川上ではとがった大きな岩が、川下に行くにしたがって小粒の丸い砂粒になっていくこと
4 川上の急な流れから、川下に行くほどゆるやかな流れになること

また、この「川上から川下へ」という構図は、私たちの日常生活や仕事など様々な場面でも同様に見られます（図表10参照）。

1つの仕事は、「大きな構想を練る川上から、具体化されて形になって実行されていく川下へ」というのは、いかなる業種のいかなる仕事でも同様です。

ここで「川の特徴」としてお話しした特性の変化が、すべての川上から川下への流れで同様に起きると言えます。

具体的な特性で表現すれば、以下のような変化が起こります。

・不確実性が高い川上→ある程度実績を積み重ねて入る分、データと論理で先が読めるために不確実性が低い川下
・何が起きるかわからず混沌とした川上→秩序だった川下
・境界が不明確で分業ができない川上→境界を明確にして分業化した方が効率的になる川下
・抽象度の高い「概念」が重要な川上→実行のための具体性が重要な川下
・蓄積がなく、少ない情報から仮説を組み上げる力が重要な川上→情報やデータが蓄積され知識量がものをいう川下
・「1つの全体像」という形での「質」が重要な川上→肉付けされ、形になった量（人や物や金）が重要な川下
・決められた指標がない川上→決められた指標、究極的には時間やお金といった誰にも客観的な少数の指標が支配する川下
・個人の能力に依存する川上→組織的で標準化されたやり方が支配する川下

このように考えてくると「川上の世界では、こうすべきだ」「川下の世界では、こうすべきだ」というメッセージは往々にして正反対になります。

それは、状況に応じてどちらも適切であるにもかかわらず、どちらか一方の世界しか

見ていない（ことに気づいていない）人たちにとっては、それが「正しいか間違いか」という議論になってしまうからです。

たとえば、以下のようなメッセージは「正しい」でしょうか？

それとも「間違い」でしょうか？

- 会議なんて少なければ少ない方がいい（川上）
- 仕事に必要なのは「ほうれんそう」である（川下）
- 何事も数字で説明できなければ意味がない（川下）
- 周到な準備が全てだ（川下）

いずれも川上と川下では、180度解釈が異なることは、これからの説明で明確になっていくことでしょう。

その意味で「大事なのは、知識や経験ではなく考える力である」という本書の「大前提」も所詮は、ある部分を前提にしたものなのです。

川上と川下の概念を理解し、日常の視点として持っておくことは、とても重要です。「考える」ためのヒントになるばかりではなく、日常生活や仕事、あるいは社会の動きが有機的につながって見えてくることにもなり、とても有利になります。

まさに、第1章で述べた「先が読める」ようにもなると思いますので、ぜひ活用していただきたいと思います。

本書の主張との関連で重要なのは、「考える」という行為は、この構図でいう「川上」に行けば行くほど重要になり、本書で対照的に論じている「知識」は「川下側」で重要な要素であるということです。

これまでの日本社会では、特に川下側での価値観が支配的でしたので、川上側に発想をシフトするためには、図表10で説明したようなあらゆる価値観を逆転させる必要があるのです。

練習問題 2

身の回りのものの「川上と川下」の関係を思い浮かべて、その特性やそこで必要なスキルが実際に本書で述べているように変化しているかどうか、確認してみましょう。

◎イベントの構想から実行まで

◎建築物の構想から竣工まで

◎会社の成長と成熟（ベンチャー企業から大企業へ）

◎人間の一生（子どもから老人へ）

第3章

知識重視の価値観から脱却する

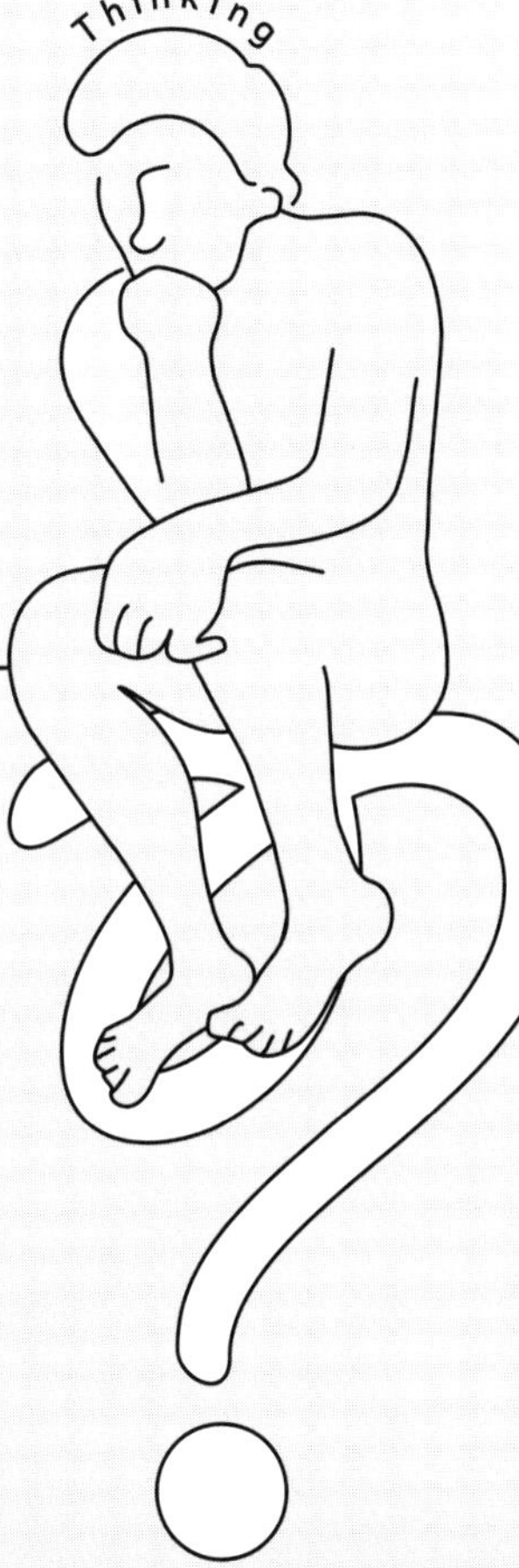

思考回路の転換にチャレンジする

無知の知に続く本章のテーマは**「思考回路の転換」**です。

人間は、成長するにしたがって知識や常識を身につけていきますが、何事にもいい面と悪い面があります。

知識や常識は、人間社会で生きていくのに必要な様々なことを提供してくれる半面、一度覚えてしまったことは、良くも悪くも継続するために新しいことへの対応力を削いでしまうことがあります。

これが、思考の世界でマイナスに働くことがあるのです。

思考の世界と知識の世界では、そもそもの「ギアの向き」が違います。

たとえて言えば、前向きに走っている人と後ろ向きに走っている人の違いといえます。

つまり、価値観や基本的なスタンスが、全く逆を向いているということです。

ここで難しいのは、乗り物と違ってこれは頭の中の動きであるために、目には見えないことです。

しかも、「考えている人」から「考えていない人」はよく見えますが、「考えていない人」

から「考えている人」は見えないというマジックミラーの関係になっているのです。もし、読者の皆さんが今「見えていない側」にいるとしたら、それを見える側に変えるのが本書の目的であり役割です。

見えないものを、できるだけ見えるようにするための手がかりを、本書で提供できればと思っています。

そのためのトレーニングとして「思考回路の転換（リセット）」にチャレンジしましょう。

世の中の価値観は「考えないこと」が主流

そもそも、考えている人と考えていない人とでは、基本的な価値観やスタンスが違っています。そのことを認識しないままでのトレーニングでは、効果が出ないばかりか、下手をすればやればやるほど無駄になることにもなりかねません。

ここで、そのことを強調しておく理由は、世の中の大勢を占める価値観がむしろ「考えないこと」を助長する方向になっているからです。

おまけに、特に日本においては、教育の場でもビジネスの場でも、間違いなく反対の価値観が支配しており、ある意味で皆さんのこれまでの価値観を真っ向から否定することが必要になる可能性があります。

これまでの価値観を引きずったまま本章で解説していることを実行しようとすることは、まさに「リバースギアで」アクセルを踏み込むことになり、前に進まないどころか大怪我をする（させる）ことにもなりかねませんので注意が必要です。

くれぐれも本章で解説する「価値観の転換」がセットであることを肝に銘じておいてください。

自分の頭で考えているかのチェックリスト

まずは、皆さんの思考回路がどちらを向いているのか、普段の行動パターンについて以下の10の質問にＹｅｓかＮｏで答えてみてください。

【思考回路のチェックリスト】

1 わからないことは何でもネットで入念に調べる（Ｙｅｓ／Ｎｏ）
2 常に売れ筋や人気商品を購入する（Ｙｅｓ／Ｎｏ）
3 「ミスが少ない」ことがプロの絶対的条件である（Ｙｅｓ／Ｎｏ）
4 目上の人の意見は素直に聞いてそのまま実行する（Ｙｅｓ／Ｎｏ）
5 規律やマナーを重視する（Ｙｅｓ／Ｎｏ）

6 準備が周到にできるまでは行動しない（Yes／No）
7 「好きなようにしていい」といわれると不安に感じる（Yes／No）
8 お金と数字に強い（Yes／No）
9 常識を身につけていない人は困る（Yes／No）
10 協調性があり、上司や先輩にかわいがられる（Yes／No）

いかがでしたでしょうか？

Ｙｅｓの数が多いほど、「自分の頭で考える」のとは逆の思考回路の傾向が強い人です。

７つ以上Ｙｅｓの場合は、本書はあなたにとって自己否定につながるかもしれません。

問題は、むしろ世の中ではこの問題にＹｅｓと答える人の方が正統派で、Ｎｏが多い人は少数派の異端児ともみなされることです。

つまり「自分の頭で考える」というのは、ある意味で世の中の価値観に背を向けることなのです。

では、この結果を踏まえて、思考回路の転換のためのヒントをお話ししていくことにしましょう。

考えるとは「知識の価値観を捨てる」こと

本書のテーマである考える力（思考力）と並んで人間の知的能力の両輪と言ってもいい「知識」ですが、ここに大きな罠が潜んでいます。

基本的に知的能力が高い（＝いわゆる「頭がいい」）人は、これらを両方兼ね備えていることが多いです。しかし、別の側面として、知識を重んじる価値観やものの見方というのは思考力とは全く異なり、ある場合には正反対になっていることがあります。

つまり、知識の価値観でやればやるほど思考力、つまり「考える力」を阻害することがあるのです。

「欧米に追いつけ追い越せ」を見事に実現した日本社会では20世紀のこの成功パターンに基づいた知識偏重、画一的な教育モデルが支配的でした。そして、これを引きずった形での価値観が社会にあまねく染み渡っていました。

ところが、このような考え方は「考える力」を養うためには、ことごとく、いわば「負の遺産」となって立ちはだかります。

相変わらず日本社会では「たくさんの知識を持っている＝頭脳が優秀である」という

認識が大勢を占めています。

テレビのクイズ番組等でも、知識量を披露すると「あの人は頭がいい」ということになります。そもそもテレビのクイズ番組自体が、正解がある問題で優劣を決めるスタイルがほとんどですが、それは大多数の人にとってその方が面白い＝今の価値観に合っているからです。

知識の量ではＡＩには勝てない

ところが、実はこの手の知識量を問う問題だけであれば、とっくにＡＩとの勝負はついています。

ＩＢＭが開発した人工知能のWatsonは、アメリカのクイズ番組Jeopardy!で人間のチャンピオンをとっくに（２０１１年2月16日）打ち負かしてしまっているからです。

少し考えればわかりますが、知識量を問うだけなら「世界中の最新情報をすべて知っている」コンピュータに敵うわけがないのです。

もちろん既に勝負がついた囲碁や将棋でも人間同士が対戦する意味はありますから、そのこと自体を否定しているわけではありません。

ただし、囲碁や将棋、あるいはクイズ番組のような、あくまでも「人間同士で決着をつける」ゲーム性のあるものは、それでいいとして、ビジネスのように「とにかく最善の解決策がほしい」という場合には、機械の力を借りた方がいいことは自明です。

思考力の世界では、知らないことが強みになる

知識と思考の世界の比較を、以下の図表11に示します。

表の項目は、本書の他のメッセージと重なっていることも多いかと思います。

知識は基本的に過去のこと、対する思考というのは「これからどうなるか？」という未来に向かって、わからないことに思いを及ぼす場面が圧倒的に多くなります。

過去のことは基本的に確定していますから、正解もやり方も1つというのが知識の世界です。それに対して、思考力の世界は、答えもやり方も1つには限定できないし、そもそも正しいとか間違っているという概念自体が薄いのが思考の世界です。

知っていることが強みであるのが知識の世界であるのに対して、**知らないことが強みになることがあるのが思考力の世界**です。

何かについて知っているというのは、新しいことを学んだり考え出したりするときには障害になることがあります。

図表11　知識と思考では価値観が真逆になる

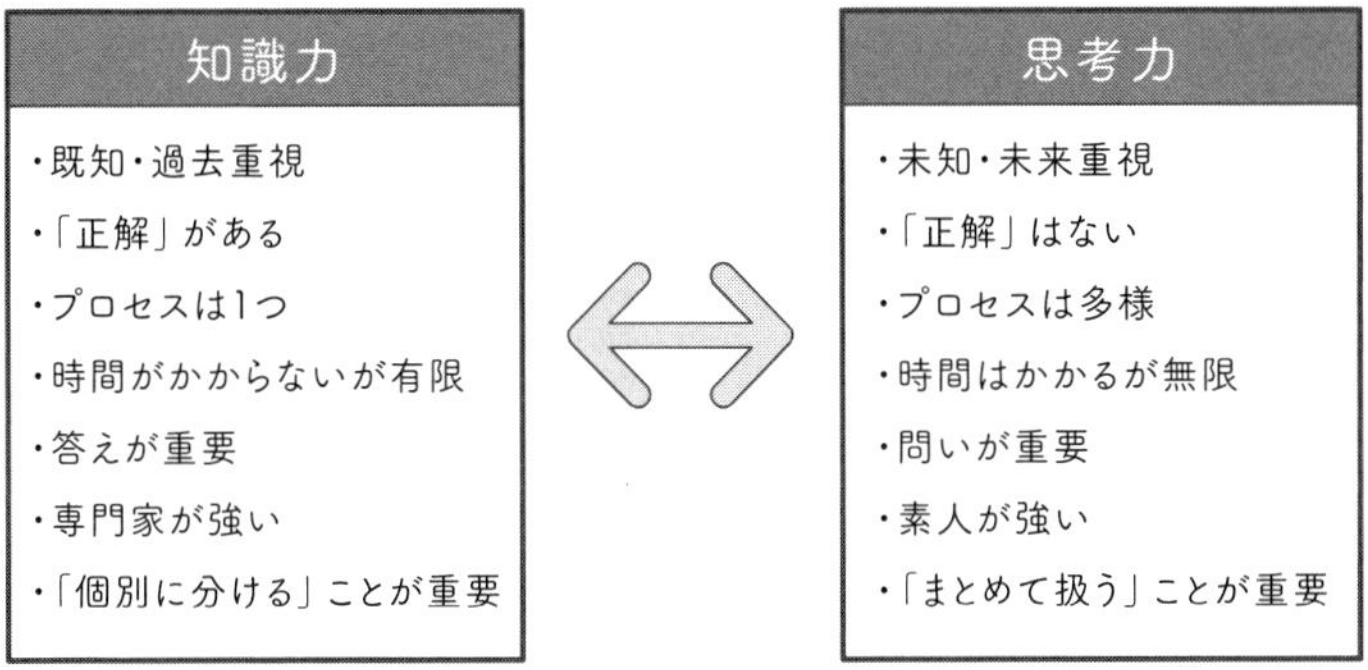
知識力
・既知・過去重視
・「正解」がある
・プロセスは1つ
・時間がかからないが有限
・答えが重要
・専門家が強い
・「個別に分ける」ことが重要
思考力
・未知・未来重視
・「正解」はない
・プロセスは多様
・時間はかかるが無限
・問いが重要
・素人が強い
・「まとめて扱う」ことが重要

それは、ここまで再三お話ししてきたように、人間は知っていることをベースにしてしか考えられないために、どうしてもそこにバイアスがかかってしまうからです。

先に述べたバイアスを取り去って考えることのうちで最も難しいのが、この「知っていること」に対するバイアスと言ってもいいでしょう。

「常識の海」から抜け出す方法

知識重視の価値観からの転換は、予想以上に厄介です。

何事も初心者（学習における子供や学生も含む）が基礎を固めるのに必要なのは、定石や「型」といったいわば定型的なパターン（＝知識）の習得なので、まずは、しばらくはその世界に浸って基礎を固めることが重要です。

ただし、そこである程度の基本的な知識を身につけたならば、それにこだわることなくある知識を再構成し、新しいものを生み出していくこと（＝自ら考えること）が重要になってくるのです。

そこでは、それまでの価値観を逆転させて、むしろ逆向きのギアにして走り始める必要があります。

ここで、それまでの知識の価値観に最適化されてしまった頭や心を、どのように切り替えられるか、どこまで自ら考えられるようになるかが決まります。

これを模式的に示したのが図表12です。

図表12　「常識の海」の「深海魚」になっていないか？

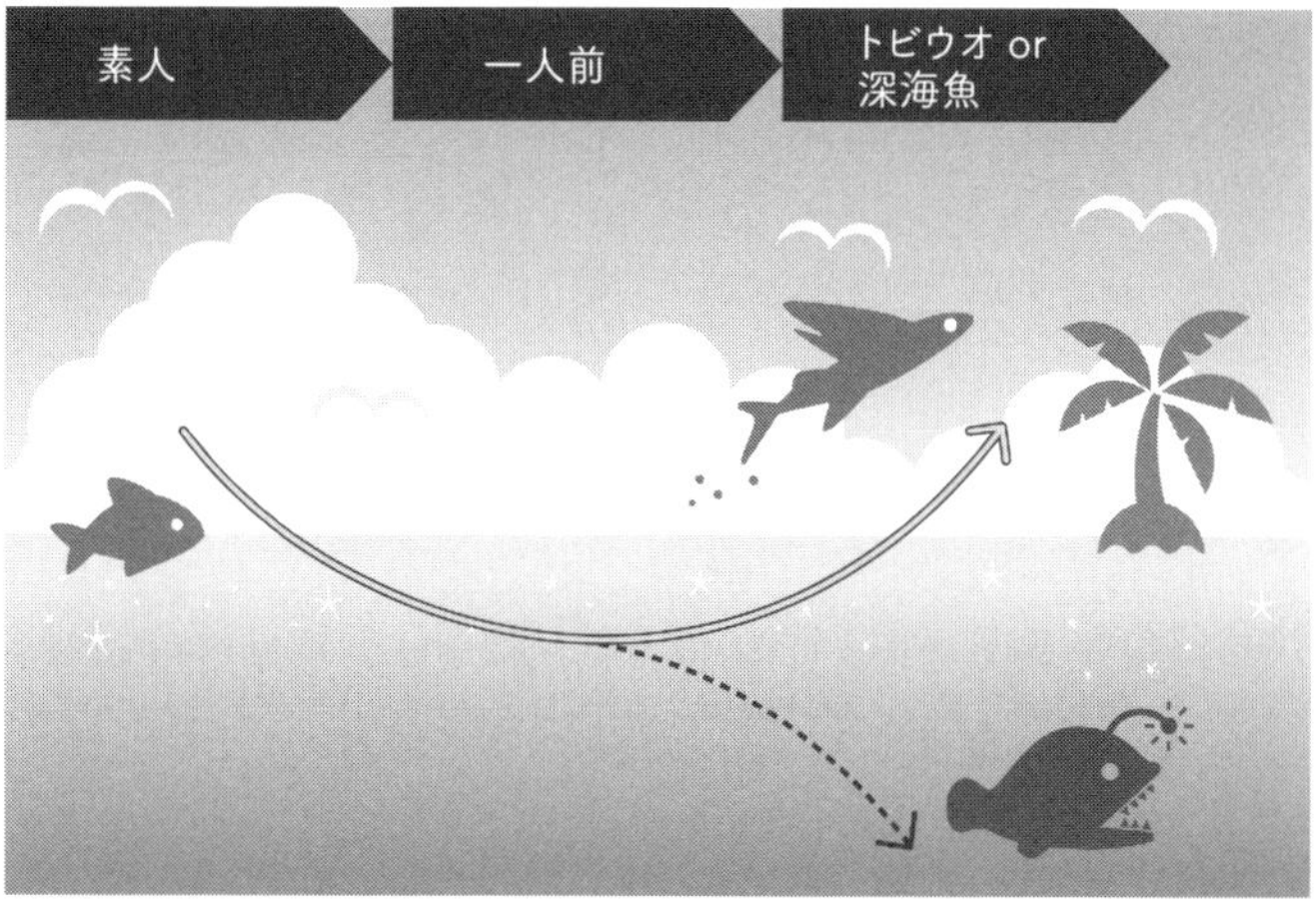

この図表は、左から右は時系列を示しています。

まずは、何も知らない「素人」がそれなりの1つの分野での専門家として一人前になったのちに、再び新しい境地を切り開けるかを「常識の海」を用いて説明したものです。

「常識の海」というのは、特定の領域で当たり前とされている、その領域におけるそれまでの知識の集大成です。

何も知らない素人は、まずその海に飛び込んで最低限の常識を身につけて、ある特定の領域で専門家になっていきます。その後のステップが大きく2つに分かれます。

ギアの向き（価値観）をそれまでと同じままでさらに「その先」に進んで知識の世界を極めるか（これが「深海魚」です）、完全な逆向きに「ギアチェンジ」をし、それまでに得た常識を再構成して、再び水面から上に上昇していって「新大陸」を発見しにいくか（これが「トビウオ」）です。

たとえば、仕事における新人からベテランへの進化の過程を考えるとわかりやすいかと思います。

まず、新人は何の領域においても基本的な知識を身につけなければなりません。そこで常識の海に飛び込むことで基本的知識を身につけるわけです。それは会社の常識であったり、業界や社内の常識であったりといったものです。ある程度、それらを身につけた状態が一人前の仕事ができる中堅社員と言えるでしょう。

ここからが2つに分かれます。

常識を身につけた代償として、新しい変化に抵抗を示すようになり、それまでの成功体験だけで一生を乗り切ろうとする人と、それまでに身につけた常識を一度捨て去ってでも、その後の変化に対応しようという人です。

伝統的な会社では、前者に属する管理職が良くも悪くも会社の主力となって普段の業務を回す「オペレーター」として会社を動かしていきます。その代わりに新しい変化に対応しようという「イノベーター」に対しては（本人の意図せざるところで無意識に）「抵抗勢力」となって立ちはだかるのです。

常識の海に沈んでいく一方という点で、この種の人は、常識の海の「深海魚」とでも呼

図表13　「深海魚」になるか？　「トビウオ」になるか？

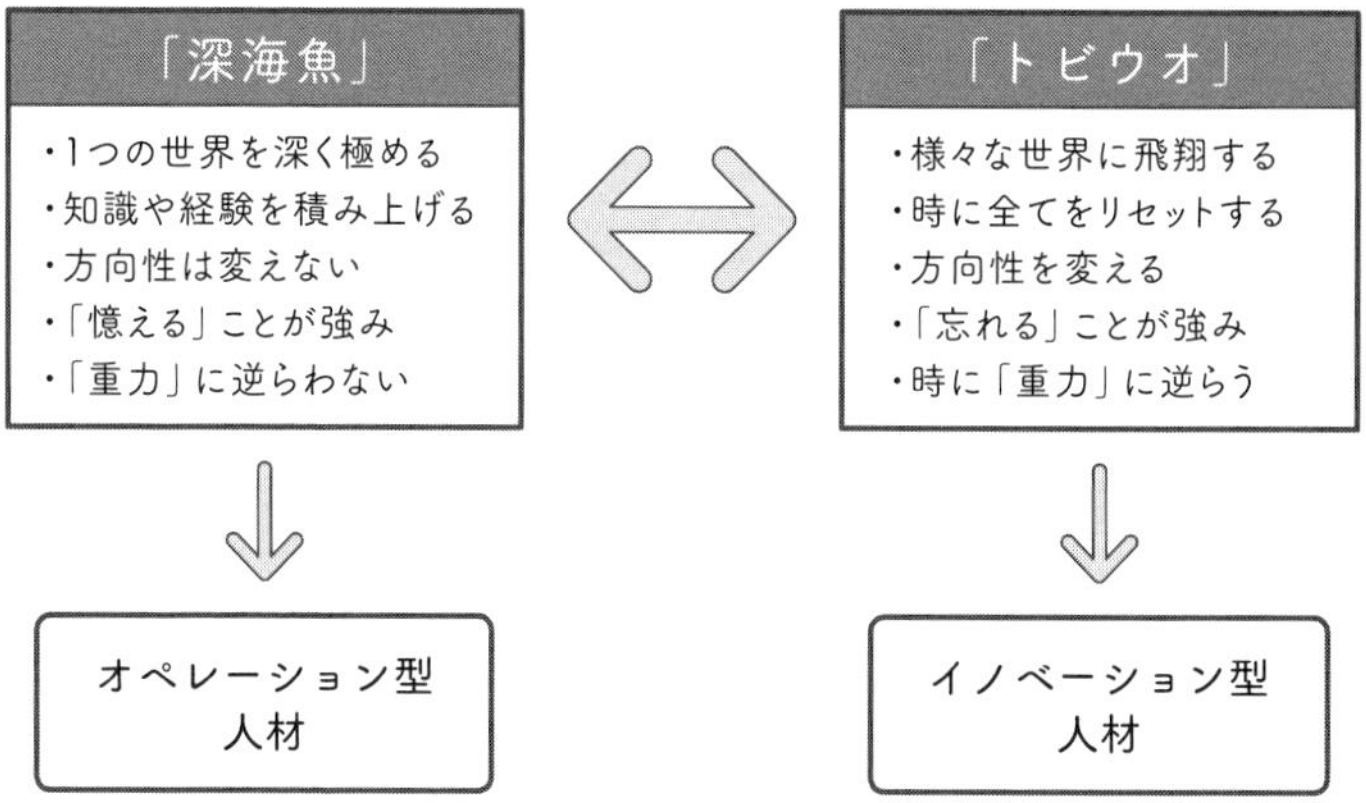
「深海魚」
・1つの世界を深く極める
・知識や経験を積み上げる
・方向性は変えない
・「憶える」ことが強み
・「重力」に逆らわない
「トビウオ」
・様々な世界に飛翔する
・時に全てをリセットする
・方向性を変える
・「忘れる」ことが強み
・時に「重力」に逆らう
オペレーション型
人材
イノベーション型
人材

ぶことができるでしょう。

思考回路をリセットできる「トビウオ」型とは

これに対して「思考回路のリセット」ができる人は「重力に逆らって」再び海の上に飛び立ち、また新たな世界を見にいくことができます。こういう「羽」を持っている人たちは、しばしば「流れに乗じて」自由に飛翔することができるのです。

先の深海魚に対して、こちらの人はいわば「トビウオ＝イノベーター」とでも呼ぶことができるでしょう（当然おわかりのように、本書で目指すのは「トビウオ」型の思考回路です）。

このような進化（と退化）の構図は、1つの仕事でもそうだし、人生そのものにおける成長においても当てはまります。

「働き盛り」を迎えた後に「成功体験による逃げ切り」を図ろうとする深海魚型の人と、そこから再浮上しようとするトビウオ型の人たちです。

その鍵は、それまでの知識と経験を「忘れる」ことができるかどうかです。

本書では、後者の「新大陸」を目指すイノベーター（トビウオ）たちをメインの対象として自ら考える力を得るためのギアチェンジの仕方や、その後の加速へのヒントを提示していきます。

考えるとは「すぐにネットを見ない」こと

インターネットは、人間の知的能力に大きなインパクトを与えました。それは個人が「情報をたくさん持っている」ことの価値を、ほぼなくしてしまったからです。

ただし、このような大変化にもかかわらず、相変わらず「たくさんのことを知っている」＝「賢い人」という認識は、ほとんどの人にとって変わっていません。

もはや、情報量が多いことは人間の知的能力を活かす場所でないことは明白です。20年前であれば、知人の電話番号を暗記しているのが当然だったのが、今や「一人の電話番号も覚える必要がない」というように変化しています。例えば「漢字の暗記」にも、それが起きるのは時間の問題でしょう。

「正解病からの脱却」を図るための意識転換の1つのきっかけがここにあります。

その次に来るのが「ネットで調べるのが速い人」の価値もすぐになくなっていくだろうことです。

検索エンジンが出始めの頃は、まだ使い勝手もあまり良くなかったので、「検索の裏技」を知っている人が知らない人よりも検索能力が高いと言われた時代があったかもしれません。

しかし、いまや検索エンジンも進化して自動化が進み、さらには（常に身につけている）ウェアラブルコンピュータとＡＩが進歩してくれれば、そのような検索も「裏で勝手に」行われて必要な情報があっという間に出てくるようになるでしょうから、「検索屋」の出番も早晩なくなっていくでしょう。

自分なりに考えてからネットを見る癖をつける

結局、残っていくのは「**集まった情報を基にして自分で考えること**」になっていきます（ここももう少し長いスパンで考えるとＡＩに置き換えられる可能性がありますが、当面は人間が優位性を持つ部分と考えていいでしょう）。

「正解病からの脱却」を図り、「自分の頭で考える」ための第一歩として、「すぐにネットを見る」から「まずは自分なりに考えてからネットを見る」という習慣に変えてみましょう。

「検索をしたら恐らくこういう結果が出てくるから、次はこうなるのではないか？」と次のステップの仮説を想定してみることが「考える」習慣づけをするための有効なステップとなります。

考えるとは「『常識』という言葉を使わない」こと

【（頭の固い）上司Fさんと部下Eさんとの会話】

E：「どうして他部門の担当者への連絡をLINEでしちゃだめなんですか？」
F：「どうしても何も、そんなことまで説明しなきゃいけないの？ そんなこと常識だよ、常識。まったく、小学生からやり直しなよ」

「常識」は、知識型の思考回路の人の価値観にとっては、最も大事なことの1つだと思います。「常識的である」ことは、人間としてあるべき姿であるといってもいいでしょう。

ところが、これがまさに「曲者《くせもの》」なのです。ここでいう理由には条件があります。理由の中でも実は考えていない（思考の世界では理由になっていない）理由というのは、以下のようなものです。

「今までそうやってきたから……」
「他の人たちもそうしているから……」

「規則でそう決まっているから……」

ここまで本書を読んできた皆さんであれば、なぜこれらが「理由になっていない」かはおわかりでしょう。これらは皆「自分の頭で考えた」理由ではなくて「何か他のもので決まっているから」という他責的な理由だからです。

実はこれらと同列にあるのが、

「それは常識だから……」

という台詞です。

この言葉、何気なく毎日のように使っていないでしょうか？

意見が合わない人や「信じられない」ことをやった人に対して「非常識だ」とか「常識をわきまえろ」とかという言葉、よく使うのではないかと思います。

この言葉の何が問題なのでしょうか？

実はこの**常識という言葉が使われる場合の多くは、「なぜそうなのかを自分の言葉で説明できない」ときの「逃げ場」として使われているから**なのです。

常識というのは、必ずそれが成立した時点での「理由」があります。でも、それがいつか長い年月を経る間に意識されなくなって「常識のための常識」になってしまっているのです。

たとえば、あるお店で売っている商品が、朝の値段の3倍で夜に売られていたらきっと普通の人であれば「非常識だ」と怒ることになるでしょう。

でも、それが本当に「なぜだめなのか」を説明することができますか？

「そもそも値段はコロコロ変えるべきものではない」というのが理由でしょうか？

でも、だとすればそれは「なぜ」ですか？

実際に、賞味期限が短い食品などでは、1日の中でも値段が変わることはよくあります（「タイムセール」で夕方値下げされるのは、むしろ自然と言えるでしょう）。

「常識の打破」というのは、意外に難しいです。それは、「常識を打破する」という言葉が常識を打破できる人のボキャブラリーだからです。

本当に「常識にとらわれている」人は、その「常識にとらわれている状態」そのものに気づいていないことがほとんどです（「あなたは常識にとらわれていると思いますか？」と聞かれて「思います」と答える人は、あまりいないでしょう）。

そのような場合には、別の考え方が必要です。

1つの見方として、「常識は所詮限られた時間と場所に限定されたものである」（ことに大抵の人は気づいていない）ことを逆手に取って「その『常識』は1000年前（後）のアフリカ（でも中東でも南米でも自分が馴染んでいるエリアから遠く離れて馴染みが薄いエリア）でも通用していた（いる）か？」を問うてみてください。

アイスコーヒーとミネラルウォーターには、ある共通点があります。

それは特定の国では数十年前まで「受け入れない」という「常識」があったのが、今では当たり前になってしまったということです。

アメリカでは、ほんの30年ほど前までは、アイスコーヒーはほとんど見られませんでした。しかし、今ではスターバックスの定番メニューになっています。


ミネラルウォーターは、今でこそ日本でも当たり前の商品ですが、これも30年前には全くの「非常識」なものでした。

当時の日本には「水と安全はタダ」という言葉があり、水は安全と並んで「お金を払う必要がないもの」の代名詞だったのです。

ところが、悲しいかな安全についても（ホームセキュリティサービスのような形で）お金を払うことが全く普通になってきたのと同様に、水にお金を払うこともまったく当たり前になりました。

世の常識を破る人は、常に「素人」

「常識」なんていうのは、この程度のものです。

「常識の打破」を阻むのはまたしても「知識と経験」です。後述する専門家のバイアスや現場のバイアスというのもこれに拍車をかけます。

「専門家」と「現場の人」の共通点は、「現状についてよく知っていること」と、それによって（「知識教の信者」である）大多数の人に対しての強い説得力を持っていることです。常識を破る人が、常に「素人」であるというのがこれでおわかりでしょう。

ただし、ここで言う素人というのは、あくまでも知識の点で「専門家」や「現場の人」に劣るということであって、「考える力」においては、常人以上のものが必要だということもわかってもらえると思います。

「目上の人に敬語が使えない」「ホテルの結婚式や披露宴に短パンで出席する」という「非常識きわまりない人」だって、先ほどの「1000年アフリカルール」を適用してみれば、いずれも「つまらない常識」に見えてくるでしょう。

ましてや「○月には売れない」とか「関西は関東より○○だ」とかいう業界の中だけの「常識」なんて、あっという間に崩れ去ってもおかしくはないのです。

練習問題　3

1. 以下のような「常識」を疑ってみましょう。

◎日本人なんだから「正しい日本語」が話せて当然だ

◎1日は24時間で1週間は7日である

2. 「それ常識だよ」「あの人は常識がある（ない）」と
いったことを一切言わないようにしてみましょう。
そう言いたくなったときにそれを別の言葉で言い換える
ことで「自分なりの理由」を考えざるを得なくなります。

あなたが最近出会った「非常識」な人を思い出して
それは「なぜ？」なのか考えてみましょう。

あなたが最近、常識あるいは非常識という言葉を使った
（使いたくなった）のはいつでしょうか？　また、その理由は何でしょうか？

考えるとは「正しい／間違い」と言わないこと

【最近東南アジアの某国に赴任したKさんが、久々に日本に帰ってきて日本の元の職場の同僚Lさんに対して】

K：「あの国の人たちのやることなすことおかしいんだよね。何が正しいかってことを一からたたきこまなきゃだめだと思ってるよ」

L：「でも、そもそもどっちが正しいなんてないんじゃないの？　その国にはその国なりの事情があるんだから」

前項で述べた「常識という言葉を使わないこと」に関して、別の視点から見てみましょう。どうすれば、そのように考えられるのか、改めて、ここで思考回路を起動するためにはどうすればいいかという点で話を進めてみましょう。

たとえば、一見「誰が見ても正しい」と思える以下のようなことについて考えてみてください。

★１＋１＝２である
★「知識」の読み方は「ちしき」である
★公式な行事には、男性であればネクタイ着用が望ましい

まず１つ目、「当たり前で誰にとっても正しいことが明白である」ことの代名詞である「１＋１＝２」ですが、高校時代の数学を思い出してもらえばわかるかと思いますが、ここには「10進法であれば」という前提が隠れています（２進法であれば「１＋１＝10」です）。

２つ目、これには「日本語であれば」という前提が隠れています（中国語では当然違う発音です）。

３つ目、ここにも「現代であれば」という前提が隠れています（江戸時代の日本だったら間違いなく当てはまらないでしょう）。

少し極端な事例を出しましたが、こう考えてくれれば、ビジネスの世界で語られる以下のような「一見正しそうな」意見だって相当疑わしいことがわかるでしょう。

・病欠の連絡をＬＩＮＥでするなど「もってのほか」である（先の87ページの会話の事例）
・「時間を守る」は仕事でもプライベートでもすべての鉄則である

・顧客の要望を叶えるのがビジネスの基本である
・ビジネスで必要なのは定量的な指標である
・会社で必要なのは根回しである

自分が「正しい」と思っている価値観や常識は、地理的、時間的に極めて限られた、あるいは一定の集団の中だけで成り立っているものです。

それなのに、人はそれを「部分」ではなく「全体」であると勘違いしがちです。

個人の経験に基づいた成功談というのは、大抵がこの罠にはまってしまっています。

物事を「正しいか間違いか」で判断しない

一番問題なのは、ここでも「勘違いに気づいていない」という「無知の無知」なのです。それが具体的にどういう言動になって表れるかというのが、物事を「正しいか間違いか」で判断することです。

ビジネスの世界で特に頻出するのは、第2章で説明した「川上と川下の混同」です。川上側を中心とする「イノベーション」の世界と川下側を中心とする「オペレーション」の世界では、価値観や常識は、ほぼ正反対といっていいぐらい異なっています。

ところが、これらのうちの片側しか経験していない人は、たとえば以下のような断定をしてしまいます。

★基本的に連絡会議や「ほうれんそう」は無駄である（これは川上の視点）
★データや論理に基づかない議論は意味がない（これは川下の視点）
★面倒見の良い上司が部下を育てる（これも川下の視点）

したがって、これらはすべて視点を変えれば「逆もまた真」であることがほとんどなのです。同様のことはグローバル化の進んだ国の間の異文化コミュニケーションでも頻出します。

宗教間の争いの根底にあるものも、このように「自分たちの世界がすべてである」という価値観ということになるでしょう。

これは、すべて一種の思考停止の産物です。

では、思慮深い人はどのように考えるのでしょうか？

例によって比較で見てみましょう（図表14参照）。

まず大前提に「正解があるかどうか」という前提の有無があります。

図表14　「正しいか間違いか」で判断しない

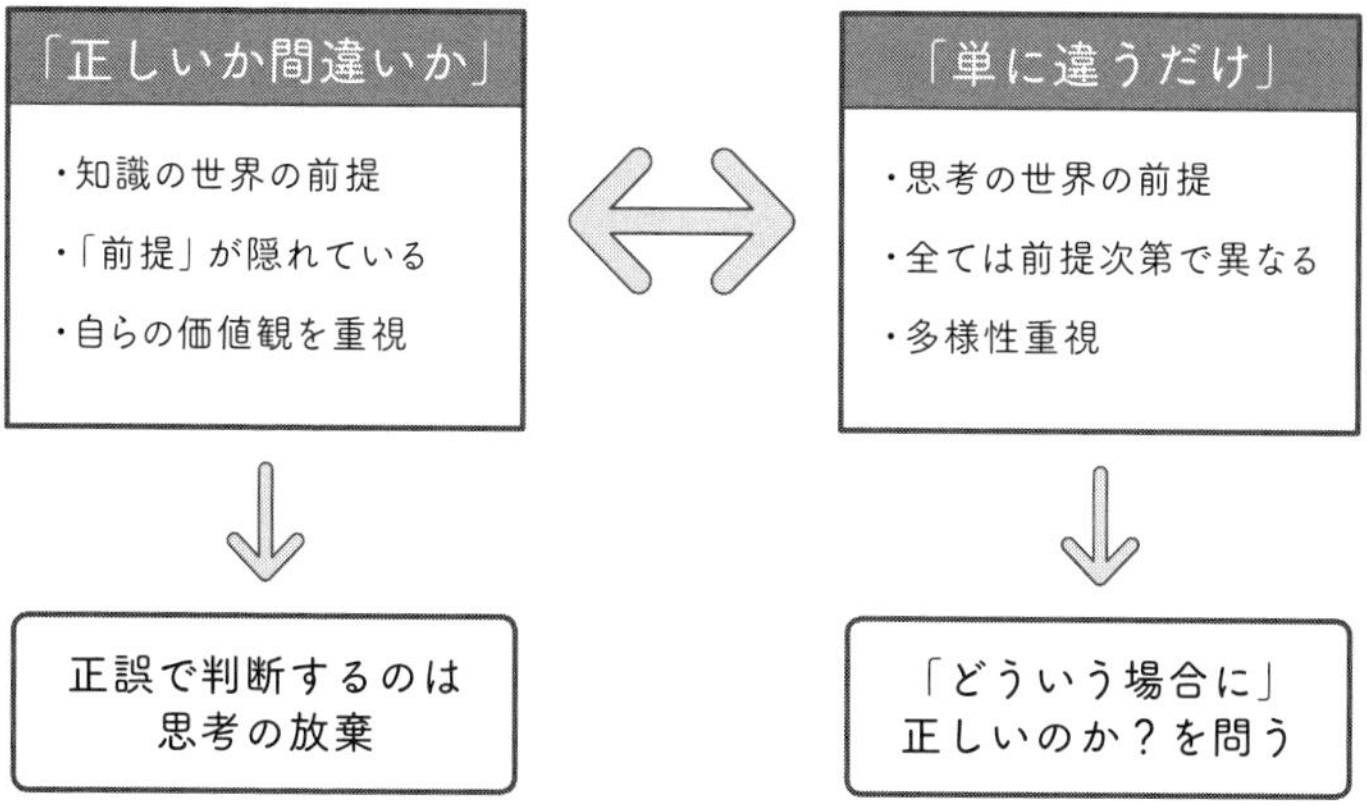
「正しいか間違いか」
・知識の世界の前提
・「前提」が隠れている
・自らの価値観を重視
「単に違うだけ」
・思考の世界の前提
・全ては前提次第で異なる
・多様性重視
正誤で判断するのは
思考の放棄
「どういう場合に」
正しいのか？を問う

知識の世界の価値観に染まっていると、正解があるという前提で「それは正しいか否か」という観点で判断をしがちです。

それに対して、思考の世界では絶対的な正解も不正解もなく、すべてがグレーで、かつすべては「前提条件次第」という発想です。だから、意見の相違があったときにも「どちらが正しいか」を前面に押し出すより、まずは両者の前提条件の違いを理解しようという姿勢になります。

2008年のNHK大河ドラマ「篤姫」の中で、幼少時の篤姫が母から言い聞かされていた言葉に「一方聞いて沙汰するな」（片方だけの言い分を聞いて判断を下してはいけない）というものがあります。

本当にこれは重要な視点です。

意見には、必ず偏りがあると考える

これは、自分が第三者である場合に、片方だけの意見で他方の意見を聞かずにどちらかに与することは、危険であることはもちろんですが、自分自身という「一方」の意見（考え）だけで他者との関係を判断するのも、非常に危険だと言えるでしょう。

自分の意見だけが絶対に正しいなんてことは、まずないと考えていいでしょう。

また、もし事実としてそれが正しかったとしても、逆に他の人との相違はどこから来るのか、それを考えるだけでも考えることのいい訓練になるでしょう。

練習問題　4

1. 以下のような意見を言っている人がいます。これはどういう場合に当てはまり、どういう場面では当てはまらないのか、川上と川下の観点から考察してみましょう。

◎「意見を集めるには人数が多い方が良いんだよ。だからクラウドソーシングで専門家の意見をなるべく集めることが重要だ」
◎「時間やルールを守れない人は、人間として失格」
◎「安全策こそ危険。リスクを取ることがすべてだ」
◎「ほめて育てよ」
◎「理論でなく実践がすべてだ」

その他、ネットやメディアで見た意見（特に○○は正しいとか間違いだとかと言い切っているもの）について、どういう場合は正しくて、どういう場合はそうでないという考察を加えてみましょう。その後に、このような勘違いからどのように抜け出したらよいかについて考えてみましょう。

考えるとは「正解を求めない」こと

【職場の同僚同士の会話】

G：「今お客様への提案の仕方で迷っていて、周りの先輩にいろいろとアドバイスをもらっているんだけど、いろいろなことを言う人がいて逆に混乱しちゃっているんだ」

H：「たとえば？」

G：「Iさんは中途半端なものはお客さんには出さない方がいいっていう一方で、Jさんは早めに持っていって一度すりあわせてから改訂したものを再度出した方がいい提案になるって」

H：「そりゃそうでしょ。みんな歩んできた道が違うんだから自分の経験に応じた意見を持ってて当然だよ。あとは今の自分にはどっちが大事かって自分で考えればいいんじゃないの？」

G：「それはそうかもしれないけど、やっぱり一つの答えに絞ってくれないとどうしていいかわからないよ」

「自分の頭で考える」ための前提条件として、**世の中には正解がないものの方が圧倒的に多いんだと思うことが重要です。**

「そんなの当たり前だろう」という人が大勢いる一方で、「実は多くの人はそうは思っていない」と思えることがたくさんあります。

先述の通り多くのテレビ番組で何かの問題が出た場合、それは「正解があるもの」である場合がほとんどです。クイズ番組だって、人気のものの多くは正解があって、得点がはっきり誰にでもわかって、ランキングが明確につけられるものがほとんどです。

書店に並んでいる本だって、「すぐに解答が得られる」ようなものが圧倒的な人気です。問題提起と考えるための方針を示して、「あとは読者の皆さんが考えてください」というような姿勢のものは少数派であり、基本的にそういう本は売れません（そういう点で本書もその中に入らないことを祈ります）。

講演の場でも聴き手の心をつかむのは、「明日から皆さん、この3つを実践しましょう」といった、わかりやすい「正解の羅列」で終わるものです。

「あとは皆さん自分たちで考えましょう」という終わり方は、聴き手を欲求不満にさせるばかりで「結局、自分は何をすればいいんだ」という、正解を得られないことへの不満だけが残ってしまいます。

世の中は、正解を求める人であふれている

仕事でも同じです。

特に、受験慣れした優等生にその傾向がありますが、「答え」はネットにある、あるいは、上司やお客様に直接聞けばいいという具合に、必ず「正解」がどこかにあるからそれを探せばいいという姿勢の人が大部分であるように思えます。

これは、必ずしも経験の浅い若手社員だけでなく、経験を積んだベテランはむしろ「今までやってきた成功体験」が正解であると思い込んで、その正解は（受験の参考書のように）時が経過しても変わるはずがないと固く信じ込んでいる人の方が多数派です。

「『模範解答』が巻末にあるのではないか？」（受験参考書）とか「ページをめくれば答えが出てくるのではないか？」（一問一答のクイズ本）という発想に毒されてしまうと、実生活でも「模範解答」があるのではないかと期待してしまいます。

このような「正解を与えてほしい」と思っている人が、いかに多いかは書店の本やネット記事のタイトルを見てもわかります。

「○○したいなら××をしなさい」といったタイトル、これがまさに「正解が欲しい」という読者をターゲットにした本のタイトルです。

「自分の頭で考えたい」人にとってみれば、他人に「○○しなさい」等と言われるのは「大きなお世話」以外の何物でもないはずです。それでも、このようなタイトルが書籍でもネットの記事でも多数の人気を集めるのは、いかに多くの人々が「考えたくない」と思っているかの表れです。

「自分の頭で考えたい」人が他人に求めるのが「意見」である一方で、思考停止の人が求めるのが「アドバイス」であると言えます。

ここでの両者の定義ですが、

「意見」＝解釈はその人なりのものなので、自分がどうするかは自分で考えるという位置づけの助言

「アドバイス」＝解釈も含めて「あなたはこうすべきである」というところまで踏み込んだ助言

です。

たとえば、職選びの場面で言えば、

「ボクはこういう強みがあったので、このA社を選んだよ。だから君も強みをいかしてみたら？」は意見で

「A社はいい会社だよ。だから君もA社にすれば？」というのがアドバイスです。

「意見」は聞いても「アドバイス」は疑ってかかること

このような姿勢の違いは、質問の違いとなって表れます。

たとえば、投資に関する助言を求める場面であれば「どこの会社の株を買えばいいでしょう？」と聞くのが思考停止型。「どういう基準で選べばいいでしょう？」と聞くのが「自ら考える」タイプの人です。

言い換えると、「目に見える」具体的なものがアドバイスで「目に見えない」抽象的で、具体化する前の状態のものが意見です。**「意見」は聞いても「アドバイス」は疑ってかかる**というのが、本書で唱えているあるべき姿に近いと思います。

また「逆にアドバイスしたがる人」も、思考停止の可能性が高いとも言えます。

それは（相手の事情もわからないのに）「誰にでも当てはまる正解を持っている」という認識が他人に「こうすべきだ」という、本書の定義でいうアドバイスをさせたがる根本的

な心理としてあるからです。

自分の頭で考えている人は他人に対しても自分で考えることを求めるはずです。したがって、他人に対しても「こうすべし」ではなく、「私はこう思うけど、あとは自分で考えてね」というスタンスを取るのが自然です。

このように、私たちの心の奥深くに棲み着いてしまっている「正解病」を追い払うことは容易ではありませんが、「自分の頭で考える」というのはそういうことです。

「正解がない」ということは裏を返せば、「不正解もない」ことになります。自分の頭で考えることへの大きな障壁である「間違えることが怖い」というのも、このように考えれば少しは気が楽になるのではないでしょうか?

練習問題 5

世の中の「成功論」には矛盾するものがあふれています。たとえば「他人の意見を聞くな」と「尊敬できるメンターを持て」といったようなものです。

これらは「なぜ」そうなるのか、たとえばそれらは「場合によって」両方正しいこともあり得ることがないか考えてみましょう。

考えるとは「専門家バイアス」から抜け出すこと

私たち個人が持っている心理的なバイアスが、考える上での様々な障害となることはこれまで述べた通りです。

しかし、その中でも「その道の専門家」が共通に持っているバイアスというのは、思考力に対しての知識力の違いが象徴的に表れるため、意識しておくと思考停止を免れるためにも役に立ちます。

例によって、素人との比較で専門家の思考回路を示しましょう（図表15参照）。

知的活動においては、尊敬されることの多い「専門家」ですが、思考ということに関しては、ともすると思考停止に陥る可能性が高いことがこの表から見て取れると思います。

まず専門家は、周囲の期待が高いために「失敗が許されない」状況下におかれていることが挙げられます。

これは「失敗し放題」の素人に比べて、様々な行動力を奪っていきます。

「うかつなことができない」というプレッシャーから「中途半端なことなら言わない方がいい」という思考回路になるために、十分な情報が揃うまで、時間をかけて結論を出す

図表15　専門家は思考停止に陥る可能性が高い

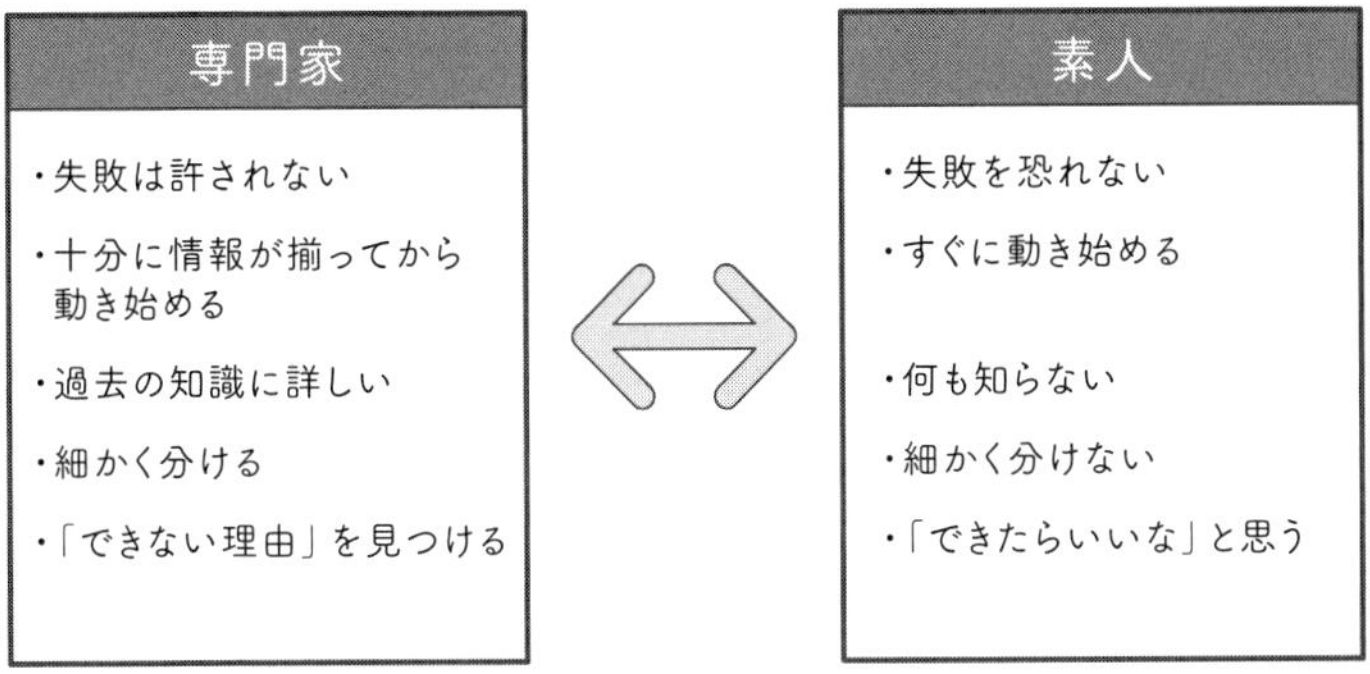
専門家
・失敗は許されない
・十分に情報が揃ってから動き始める
・過去の知識に詳しい
・細かく分ける
・「できない理由」を見つける
素人
・失敗を恐れない
・すぐに動き始める
・何も知らない
・細かく分けない
・「できたらいいな」と思う

ことになります。

「思考という名の行動力」に関しては、専門家は素人に後れを取ることがわかるでしょう。

続いて、専門家は過去の知識に詳しいことが挙げられます。

過去の文献、過去の偉人の理論等を次々と論じることができるのが専門家です。

しかし、では、逆に「自分なりの新しい考えは？」と問われると、これまでの知識にむしろ縛られすぎるが故になかなか自分なりの考えを言いにくくなってしまうのです（「○○の理論によれば……」といった形で自分の意見を言っているようで、実は「権威を借りているだけ」というのもよくある話です）。

細分化された「専門領域」で生きるのが

専門家の特性であり（「○○学会の権威」や「××業界の専門家」といったふうに）、物事を初めからゼロベースで考えることが難しくなっていってしまうのです。

「20点」と「80点」の時では、頭の使い方が異なる

「専門家バイアス」のもう1つの側面を紹介しましょう。それが64ページで説明した「川上と川下」の側面からです。図表16を見てください。

これは、左から右に川上から川下へと流れている図です。

この図で言いたいことは、要するに「20点」を30点、40点に上げていくのときの考え方と、「80点」のものを90点、100点に上げていくときの頭の使い方は、違うということです。

左図にあるように、「20点」のときの頭の使い方というのは、「たとえわずかでも今あるものを最大限に活用してみよう」という楽観的で「足し算」的な考え方です。

これに対して、「80点」のときの頭の使い方は、悲観的で「引き算」的な考え方が必要です。

専門家というのは、ある程度確立された世界で（だから「専門領域」なわけです）80点のものの精度を上げていくときには絶大な力を発揮します。

図表16　「川上」と「川下」では頭の使い方が異なる

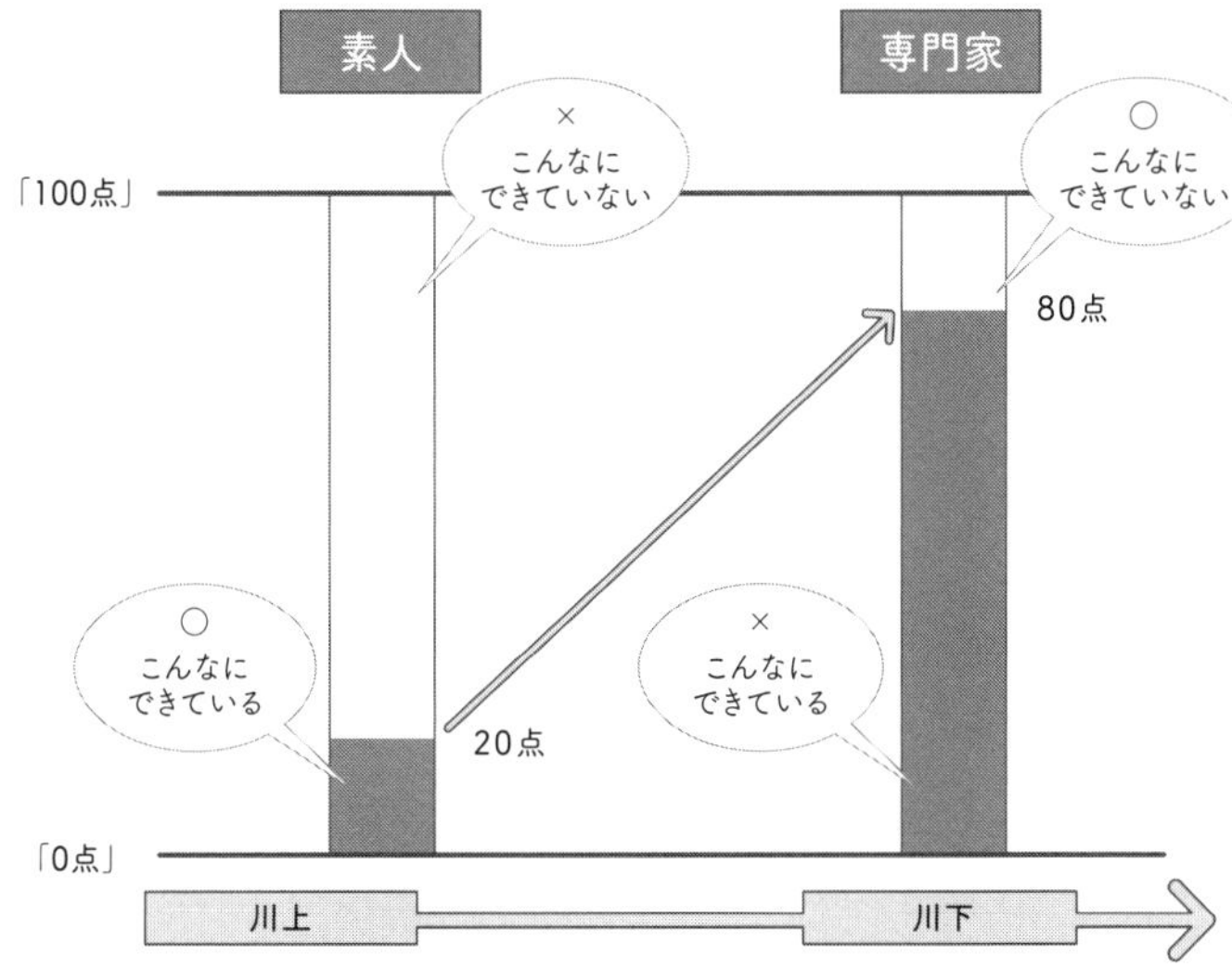

しかし、そこで必要なことは「足りないこと」「残課題」「万一の場合のリスク」「例外的事項」を見出して、それらをつぶしていくことです。

そのために、上記の思考回路に従うことは、極めて理にかなっていますが、それは「20点」のときの考え方にはなじみません。

まだ、20点のときに「足りないこと」を挙げ始めたらきりがないからです。

川上側で十分な情報や時間がないときには、このような専門家のバイアスから抜け出して発想する必要があります。

追加で補足しておくと、このように「20点型」の仕事をする際には「80点型」の仕事をするのとは、異なる発想や行動

図表17　「川上」と「川下」では仕事の進め方が異なる

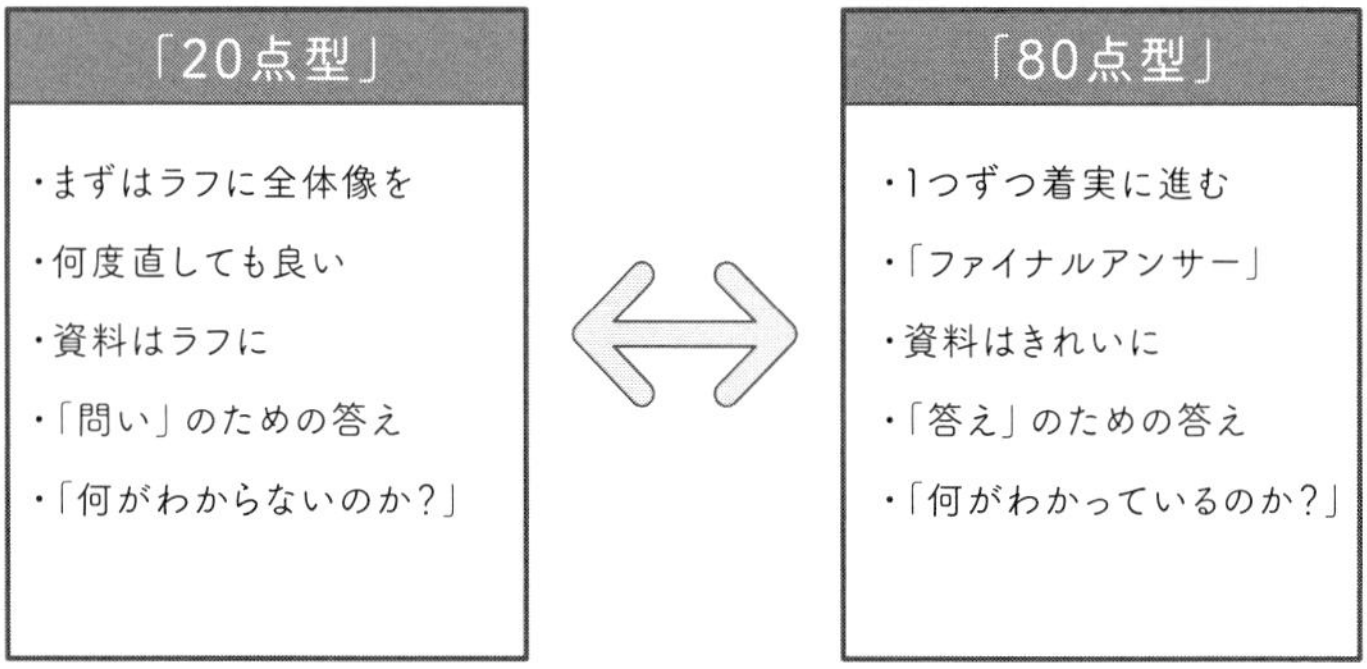
「20点型」
・まずはラフに全体像を
・何度直しても良い
・資料はラフに
・「問い」のための答え
・「何がわからないのか?」
「80点型」
・1つずつ着実に進む
・「ファイナルアンサー」
・資料はきれいに
・「答え」のための答え
・「何がわかっているのか?」

パターンが求められます。それを対照的に示したものが図表17です。

川上で「まずは20点を取り、そこから30、40点と上げていく」仕事では、枝葉を切り捨ててでも、まずはラフに全体像を描くことが重要です。その場合に、それは「ファイナルアンサー」ではなく、何度も直すことを前提としたものです。

ですから、資料やノートもきれいに清書するのではなく「拙速」で作ることが前提です。重要なのは、答えよりも問いの方であるというのは、先述した「3つの領域」で示した通りです。

そこでは「何がわかっているか?」よりも「何がわからないのか?」の方が重要なのです。

このように川上と川下とでは、仕事に取り組むときの姿勢が180度異なるにもかかわらず、この両方のモードを意識して使い分けることは、なかなか難しいことです。

その原因の1つが、「知識型の価値観＝(80点型)」が「思考型の価値観＝(20点型)」に比べて、多くの場合で支配的であることなのです。

考えるとは「分けない」こと

【役所の窓口での担当者と市民との会話】

M：「○○についての問い合わせをしたいんですけど」
N：「ああ、それならここではない別の××課の担当なので、そちらに行ってもらえますか？」
M：「でも、これってこちらにも関係ある内容ですよね」
N：「そう言われましても、うちの仕事ではないので」

ここでもまた「考える」とは何かということを、反対の「考えていない」という状態の逆を取ることで抽出してみましょう。

ここで捉える反対の側面というのは、「規則に従う」ことです。規則やルールに則って何かするというのは、集団を効率的に運営していくために最も重要なことの1つですが、このような**規則や法律、あるいは様々なルールというのが、まさに思考停止の温床**と言えます。

なぜなら、「規則だから」「ルールだから」というのが理由になると、その先の理由を考えることをしなくなってしまうからです。

図表18 「分ける」ことが思考停止を生む

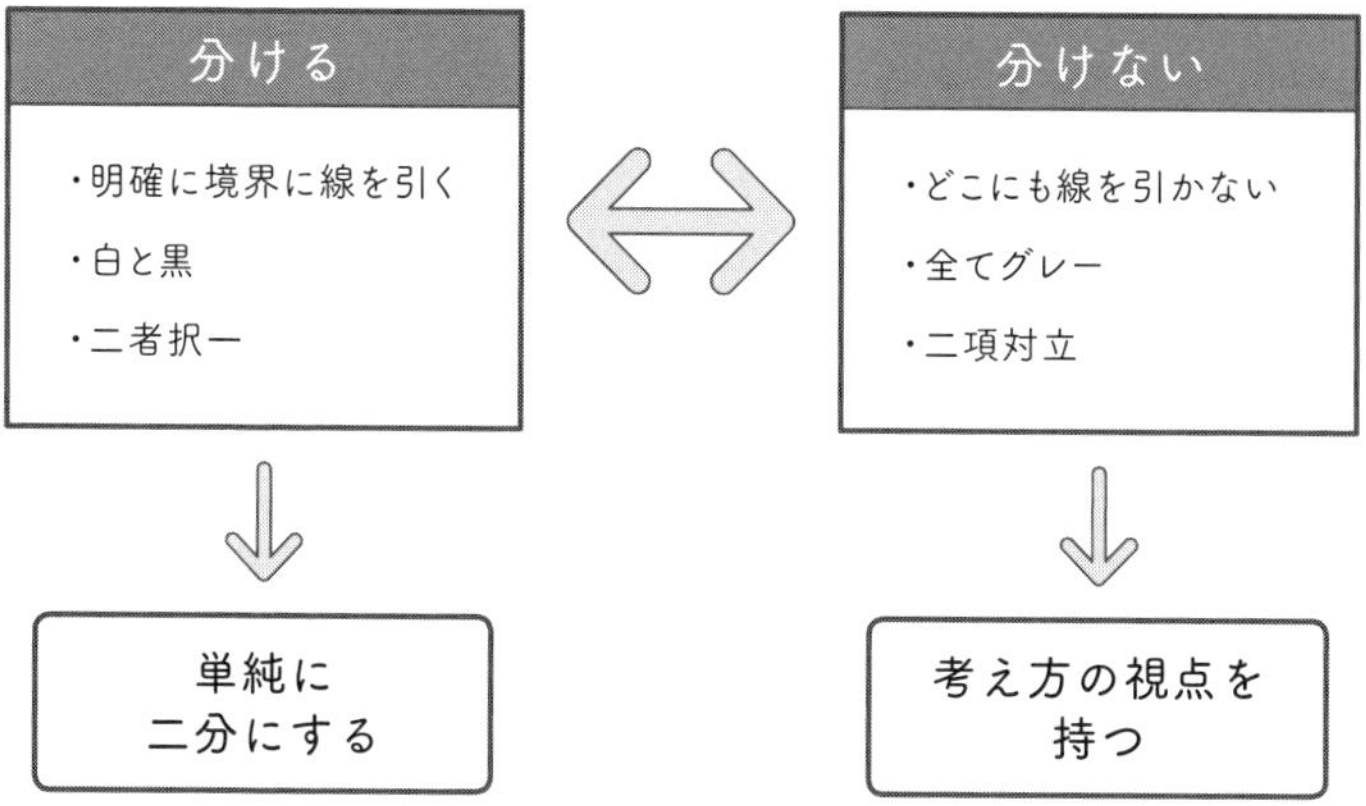
分ける
・明確に境界に線を引く
・白と黒
・二者択一
分けない
・どこにも線を引かない
・全てグレー
・二項対立
単純に二分にする
考え方の視点を持つ

ここで、規則とは一体何なのかということを考えてみると、様々な境界に「線を引いている」ものであることがわかります。

たとえば、「○歳以上（以下）の人は××してはいけない」「年収△△万円以下の人に□□を支給する」といったようなことです。

ここで問題なのは、実際の人や事象というのは、そんなにすっぱりある線で分けられるわけではないのに、規則においては、単純に分けなければいけないということです。

たとえば、「成人」という定義の20歳以上／未満という分類は「ある一定以上の分別が身についている」ことの有無を区別するために、誰でも客観的に判断できる年齢という物差しで分けているわけです。

でも、実際には16歳でも十分に自律的に分別ある行動ができる人もいれば、30歳を超え

図表19　思考停止している人はすべてが紋切型

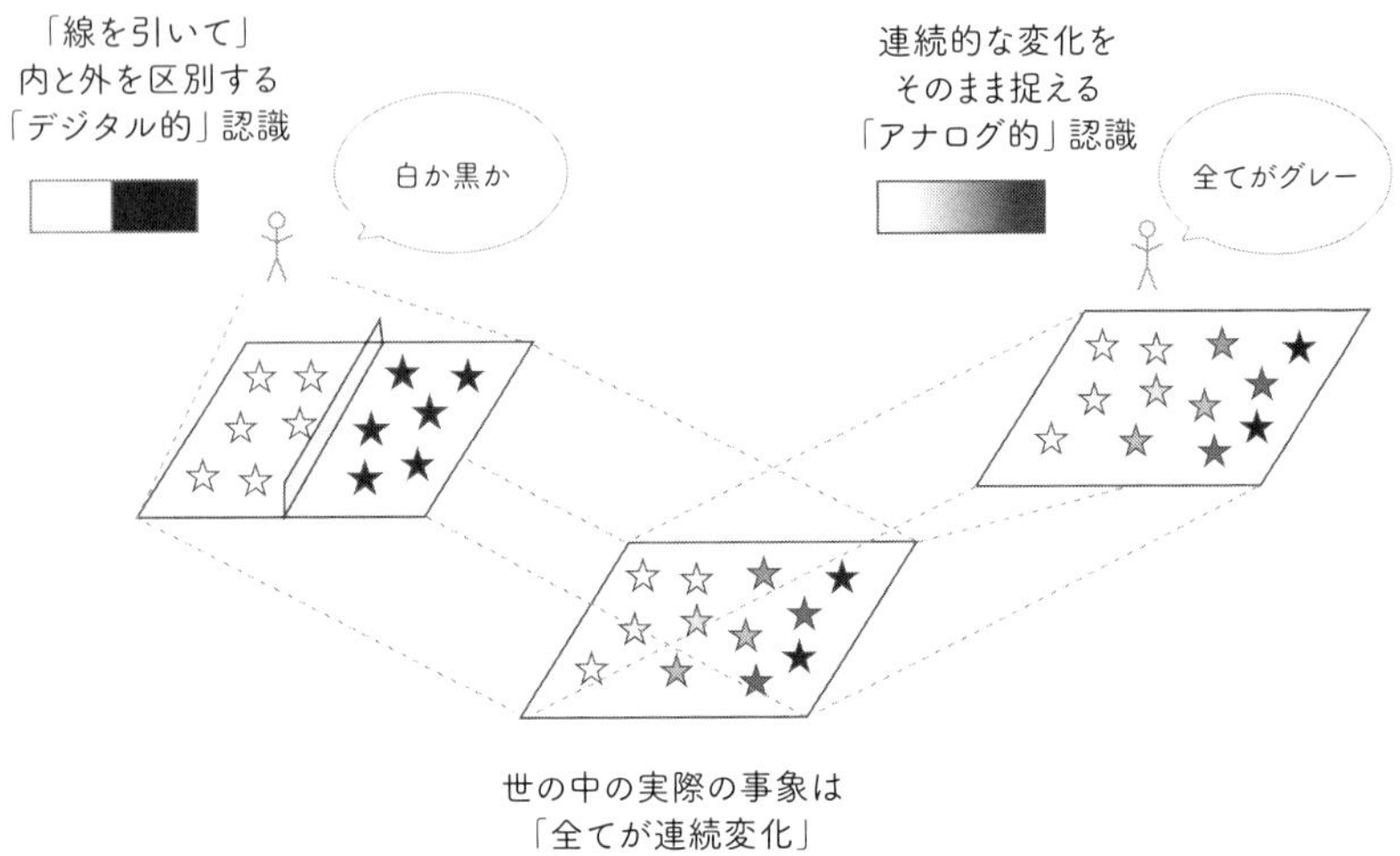

ても「大人になれない」人もいるわけです。

したがって、「実態」と「規則」との間には、このような矛盾が常に生じることになります。これを図で示すと上図のようになります。

ここでも前述した「白か黒か」という知識の世界と「すべてグレー」の思考の世界が出てきます。思考停止している人は、すべてが紋切り型です。

「これは、うちの部門の仕事ではありません」

「18時以降の受け付けはできません」

といった具合です。

これに対して考えるとは、常にその場の状況を「線を引かずに」見極めた上で、その時点での目的や制約条件に合致した線の引き方を考えることです。そこには、直接の線引きの手本があるわけではないのです。

練習問題 6

身の回りの事象でこのように実際の線引きはグレーなのに、規則で明確に線を引くことで、矛盾が生じていることを思い浮かべてみましょう。

どのようにすれば、このような矛盾が解決できるでしょうか？

考えるとは「動的である」こと

【役所の窓口での担当者と事務手続きに訪れた学生との会話】

学生O：「電話番号と携帯番号って、両方書く欄があるんですけど、これ携帯だけじゃダメなんですか？」
担当者：「ええ、決まりですから」
学生O：「でも、いま一人暮らしの学生だったら携帯だけの人多くないですか？」
担当者：「でも、この書式って前からそうなっているんですよね」

「考える」というのは、「動的である」ことを意味します。

つまり、一度決められたら「静的に」そのまま固定して考えるのではなく、時の流れに応じて柔軟に変化していくのです。

ところが、人間の思考回路というのは、黙っていて一度固定されてしまうと写真のように、そのままで残ってしまいがちです。大多数の人は、このように静的に物事を捉えがちですから、そこに「考える」ことによる物事の改善の機会が生まれてくるということです。

図表20　常に動くことで頭のやわらかさを保つ

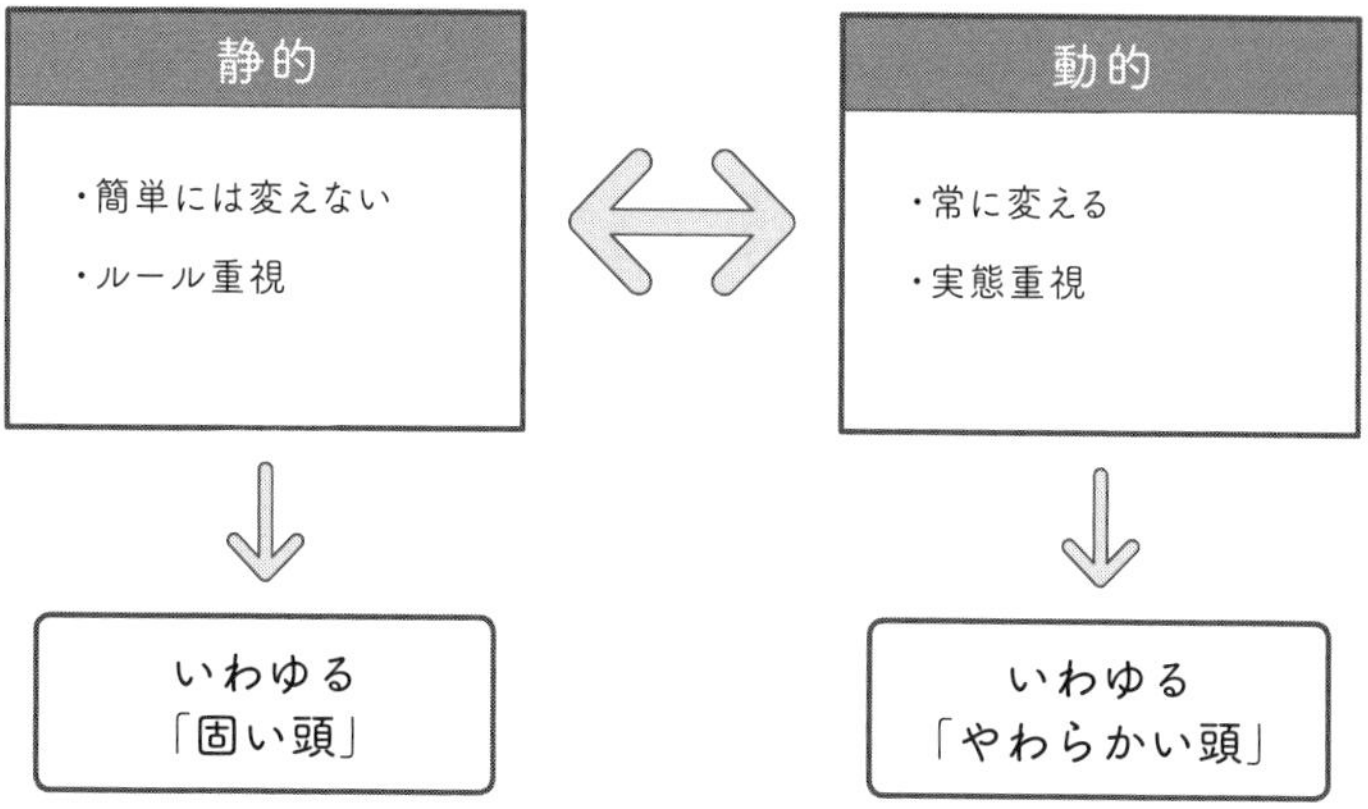
静的
・簡単には変えない
・ルール重視
動的
・常に変える
・実態重視
いわゆる
「固い頭」
いわゆる
「やわらかい頭」

前述した「規則」や「慣習」、あるいは「常識」というのもこのような静的な思考の産物です。

「ある一定の状況下」で作られたものが、静的に固定されてしまうために、動的に変化する様々な環境の変化に伴って矛盾が生じてくるのです。

これらの思考回路の違いを、図表20にまとめます。

よく言われる「頭が固い」とか、やわらかいということの1つの側面がこの「静的か動的か」の違いです。

一般的には、年齢を重ねた人の方が頭が固いというふうに見られがちです。それは、ある側面においては正しいのですが、そうでない面もあります。この静的か動的かという観点で頭の固さを見ると、若い人でも静的にしか物事を捉えられない人もいるので、必ずしも、それは相関していません。

若い人は「昔の考え方で固定されていない」という意味において時代背景と「現時点において」ズレが少ないと言えるのかもしれませんが、実は、思考が静的であれば、時間とともにそれがズレていくことは明白です。

逆に、動的な思考回路の人は、年齢を重ねても常にその思考を「アップデート」することができるので、その「ズレ」を常に矯正していくことができます。

動的な思考で頭のやわらかさを保つ

冒頭の会話に出てきたような様々な申請用の書式は、その「ズレが起こっていく」ことの典型例です。

固定電話主流の時代に固定されてしまった書式は、携帯電話が主流になった時代においても「そのまま」利用されているために、無駄や矛盾が生まれてしまいます。

そこで第5章で解説する「なぜ？と問う」という動的な思考ができる人は、たとえば、携帯電話番号を記載する目的が「必要なときに連絡をするため」ということであれば、携帯の方が便利だし、固定電話を記入することで、むしろその目的を果たすことができない（もはや事実上固定電話を使っていないといった事情で）ことに気づくでしょう。

先に「若者が必ずしも頭がやわらかいわけではない」と話したのは、たとえば10年後に再び同じようなことが起こって、連絡の主となる手段が、さらにカジュアルなものに変化したときに「携帯電話の番号すら不要である」という発想ができるかどうかにかかっています（先の「常識の海」の話を思い出してください）。

意外に「現時点での若者」は、次世代の変化には、保守的になる可能性があるからです。歴史は繰り返します。

特に、技術革新の影響を受けやすく、変化がより速くなっていくこれからの世界では、変化のスピードも今後指数関数的に加速して、世の中の基本となる考え方や常識が根本的に変化する頻度（例：固定電話→ポケベル→ガラケー→スマホといった変化）も上がってくることはほぼ間違いないでしょう。

しかし、そのような時代であっても「動的な思考」を持つことで、旧来の仕組みや考え方に固執することなく、新しい変化に対応することができます。すべては「考える力」の発揮次第ということができるでしょう。

練習問題 7

最近、記入した何かの「申込書」を思い出して（できれば控えを実際に出してみて）、その記入項目がすべて「本当に必要か？」を考えてみましょう。もし一から作り直せるとしたら、どのようにできるか、考えてみましょう。

次に遭遇する「申込書」についても、同じことを考えてみましょう。
実際に役所等でこれを行動に移すと（幸か不幸かほぼ確実に「不要な」項目を見つけられるので）トラブルの元になります。まずは「頭の体操」として考えてみましょう。実際に行動に移すのは、自分が責任を持って実行できる「自分が担当している」ことからにしましょう。

応用問題

さらに「動的に発想する」ための応用問題として、「申込書」以外の身の回りのものに対しても「これは本当に必要か？」と疑ってみましょう。それは、物理的なものでも目に見えないルールのようなものでも構いません。（ただし、人間に対してこれをやるとろくなことが起こらないので、やめておくことをおすすめします）

◎対象の例

ネクタイ、身分証明証、コイン、名刺、社内のルール。
まずは身の回りのもの「すべて」に疑いの目を向けてみてください。

◎様々な「儀礼」の類い

ヒント「なぜそれが必要か？」と自問自答した場合の答えが「昔からそうだから」とか「皆が気にするから」「常識だから」といった理由の場合、それは「実は変えられる」ことがほとんどです。

第4章

「考える力」を起動させるための工夫

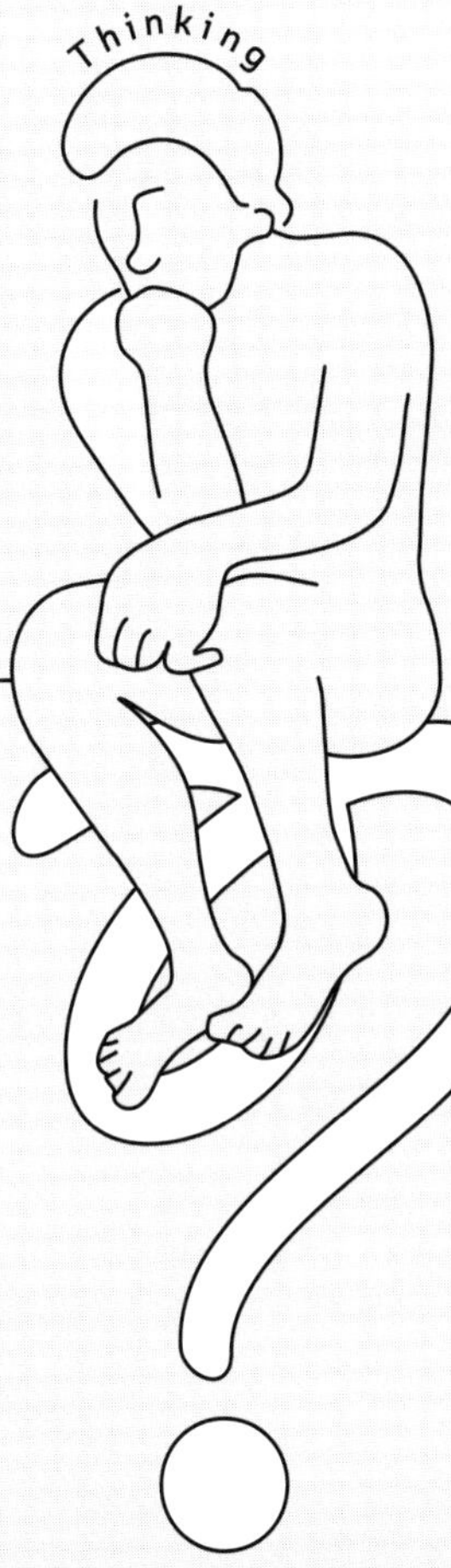

考えるとは「自分から動く」こと

前章では、思考回路の転換（リセット）の重要性について説明しました。

続く本章では、思考回路を起動して自ら考えるためには、日常的にどのように行動していけばいいのか、日々表れる思考回路の違いを例示しながら「自分の頭で考える」ためのヒントを提供していきたいと思います。

思考の習慣づけは、行動の習慣づけともセットになっています。したがって、普段の何気ない行動を自らチェックしながら「自分で考える癖をつけていく」ことが重要です。

【会社の同期の課長同士の会話】

P：「うちの課の新入社員、言われたことしかやらないんだよね。何とかして自分から動くように教育できないかって日々いろいろと話しているんだけどね」

Q：「でも、毎日言われて動くようになっても、それって自分から動いたことにならないんじゃない？」

初めにはっきりしておきたいのですが、**「考えるという行為は、純粋に自発的かつ能動的なもの」**であるということです。ある意味、当たり前とも言えるかも知れませんが、意外にこのことは多くの人が普段あまり意識していません。

でも、実はここが、「知識の価値観」との大きな違いなのです。知識というのは、受動的でも身につけることは可能です。どんなにやる気がなくても同じことを何度も何度も繰り返し言われれば、何らかの知識は身についていくに違いありません。

ただし、**考えるという行為は、他者から強制することは決してできない**ということです（「こう考えろ」と高圧的に言われてその通りにするのは、実は考えているわけではないですよね）。したがって、「自分の頭で考えられるように教育する」という言葉は、実は完全な自己矛盾であるわけです。

ところが「自主性を育てよう」なんていうわけのわからない（これも自己矛盾の代表）フレーズが世にあふれていないでしょうか？　意外に、この基本中の基本が理解されていないことが多いので、敢えて本章の初めに明確にしておきたいと思います。

能動的な世界と受動的な世界では、大きく考え方が異なり、「ツボ」も違うことを改めて確認しておきましょう。ここで能動を受動との比較で明確にしておきます。

能動というのは、漫才で言えば「ボケ」です。何にもないところに時には「非常識」なオリジナルのアイデアを出していくことを意味します。

図表21　「考える」とは自発的なもの

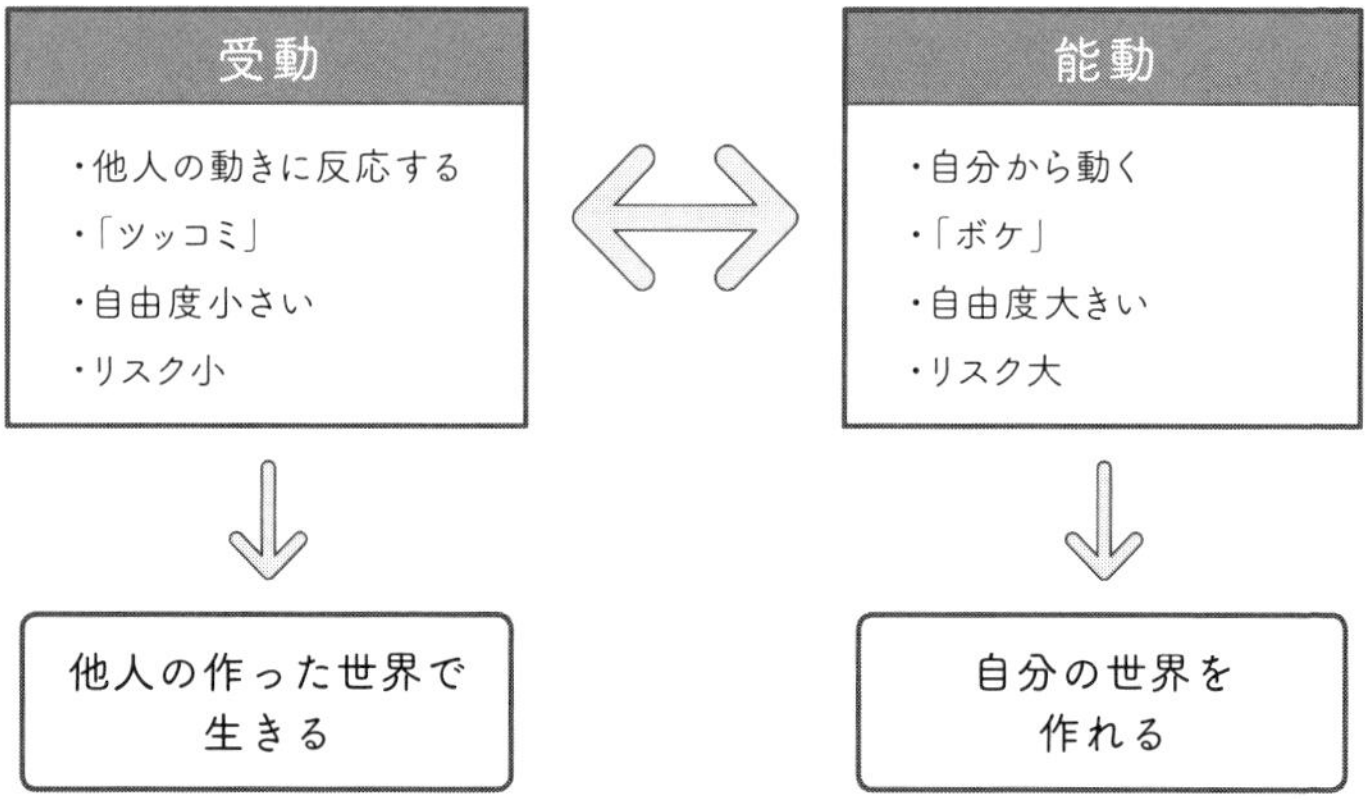
受動
・他人の動きに反応する
・「ツッコミ」
・自由度小さい
・リスク小
他人の作った世界で生きる
能動
・自分から動く
・「ボケ」
・自由度大きい
・リスク大
自分の世界を作れる

そこで出てきたボケに対して突っ込むのが「ツッコミ」です。

ある程度の「土俵」はボケが作っていますから、そこに対しての矛盾を突き、コメントを展開するのがツッコミの役割です。

ＳＮＳの投稿で言えば、最初の投稿が「ボケ」で、それに対するコメントがツッコミという関係です。

スポーツで言えば、競技場でプレーしているプレーヤーが能動の側で、観客席で見ている観客や評論家が受動の側です。

一般に世の中は、少数の能動側と多数の受動側で成り立っていると言えます。

図表21に比較で示したように、能動の側というのは、何にもない「更地」や「白紙」に構想したり絵を描いたりしていく分、まだ荒削りで完成度も低く「突っ込みどころ満載」

のスキだらけですが、川下になれば完成度が上がり、スキはなくなっていきます。

一見、川下で生きている人の方が完成度が高い分、「賢そうに」見えるわけですが、実は、そういう人たちは自分の頭を使ってはいません。

「正解がある世界」で正解を知っているだけであることがほとんどです。

練習問題 8

次のような関係者の間で「愚かそうに見えるが実は能動的な人」と「賢そうに見えるが実は受動的な人」が各々どちらで、また、それは「なぜ」そう言えるのかを考えてみましょう。

◎何でもかんでも「なぜなぜ」と聞く子供とそれに呆れ顔で「バカなこと聞かないで」と答える親

◎「怒っている人」と「怒られている人」
（いろいろなケースがあるので、「こういう場合は……」と考えてみてください）

考えるとは「変化を起こす」こと

図表22　「変える」ためには「考える」必要がある

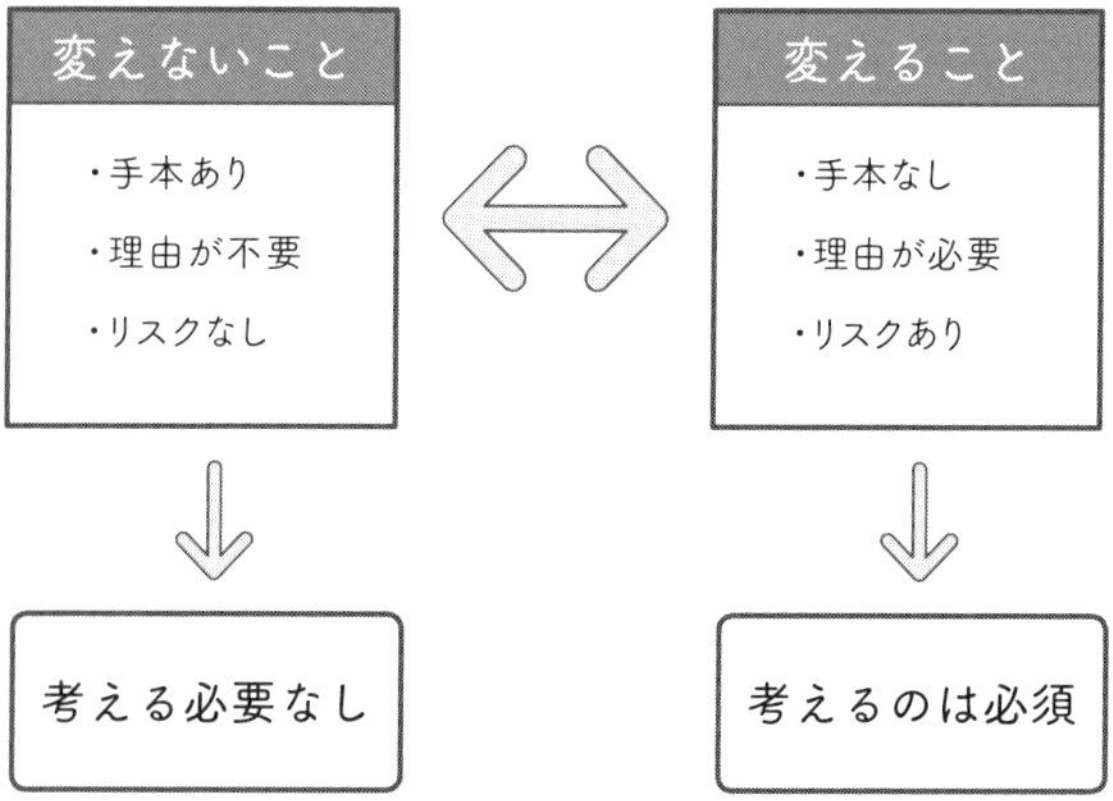

変えないこと
・手本あり
・理由が不要
・リスクなし
考える必要なし
変えること
・手本なし
・理由が必要
・リスクあり
考えるのは必須

前項での比較を踏まえて、「同じことを続ける」ことと「変化を起こす」ことでは、どちらが「自分の頭で考えること」が必要かは、ここまで読んできた皆さんであれば、自明のことでしょう。

何かを「変える」ことと「変えない」ことの比較を図表22に示します。

現状維持や何かを変えずに「そのままやる」ことには、以前にやった手本があり、「理由」が不要で（「前にそうしていたから」が理由になる）、しかも、実行するに際してリスクを負う必要がありません。

これに対して、何かを変えるためには、手本もなく、変えるための理由が必要です。かつ大きなリスクを背負わなければなりません（失敗したときに「なぜ変えた？」となるから）。

また、別項でも述べる通り、何かと「同じこと」は一通りですが、「違うこと」は無限に存在するのです。

ここまで違いを挙げれば、「変えること」が「変えないこと」よりも、はるかに「頭を使う」ことであるとおわかりいただけるでしょう。

練習問題　9

「変えること」＝「考えること」だとすれば、何か「ずっと変わっていないもの」があれば、それは、すべて変えるものの対象になるということです。ここでは、ここ数十年全く変わっていない学校の（石灰を使った）「ラインマーカー」をどうすればまったく違うものに変えられるかを考えてみましょう。

・ヒント1
そもそもラインマーカーの目的は何でしょうか？
その目的は別の最新技術を使って実現できないでしょうか？

・ヒント2
例えばヒント1の目的が「線を引く」ことだった場合、さらにその目的は何でしょうか？　ともう1つ上の階層で同じことを考えてみてください

続いて、今度は身の回りで「数十年変わっていない（いなさそうな）もの」を見つけて、それをどのように変えられるか考えてみましょう。たとえば、診療所の診察室に行って、片っ端からあらゆるものを観察して、最近新しくなったものと、以前から変わっていないものに分けてみましょう。観察場所を変えれば、同じようなことがどこでもできるはずです。

（電車の中の広告のスタイルとか新聞のレイアウトとか……）

考えるとは「なくても何とかする」こと

知識と思考の比較の際に、知識は「白か黒か」の世界であるのに対し、思考は「すべてグレー」だとお話ししました（次節でさらに補足します）。

これを別の視点で捉えると、思考の世界は、情報が少なかろうが時間がなかろうが、「いまある情報と時間で何とかする」ことであると言えます。

「いまある○○だけで何とかする」というのは、先にお話しした「すぐにネットで調べてなければあきらめる」のとはまったく逆の姿勢です。

これは、言い換えると常に仮説を持って考えることを意味しています。仮説というのは、基本的にまだ確定していない（つまり過去の知識となっていない）ことに対しての最善の結論ということです。

逆に、仮説が立てられない人には図表23の左側のような口癖があります。つまり、

「情報が足りないからできない」
「時間が足りないからできない」
「予算が足りないからできない」

図表23　「考える」とはあるもので何とかするという発想

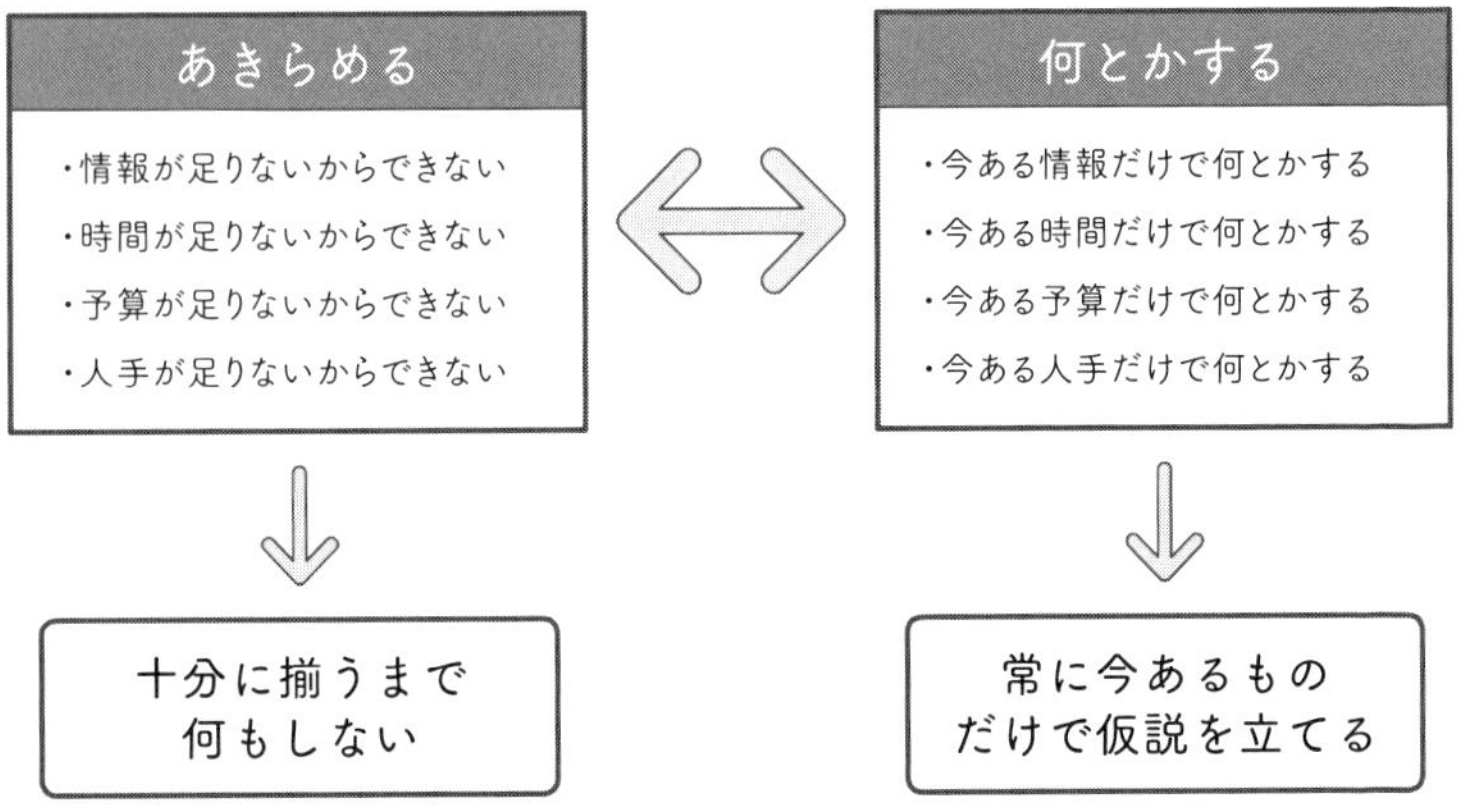
あきらめる
・情報が足りないからできない
・時間が足りないからできない
・予算が足りないからできない
・人手が足りないからできない
十分に揃うまで何もしない
何とかする
・今ある情報だけで何とかする
・今ある時間だけで何とかする
・今ある予算だけで何とかする
・今ある人手だけで何とかする
常に今あるものだけで仮説を立てる

「人手が足りないからできない」

といったことです。

実は、このような人には「○○が十分ある」という状態は永久に訪れることはないのですが、大抵の場合は、そのことにすら気づいていません。

これが完璧主義者の陥る罠です。

では、どういう場合に、このような事態が起きるかといえば、先述の「川上↓川下」の話でいうと、普段「川下側」ばかりで仕事をしている人たちに、多く見受けられます。

川下というのは、基本的に情報が十分に蓄積されている場合が多く、大抵過去の情報が流用できる場合が多いのです。それに対して、川上側では、もともとそのような情報が存在していることは稀です。

したがって、同じ思考回路で臨むと、常に「ないものねだり」になってしまうのです。

逆に常に仮説を立てている人は、

「今ある情報だけでできることは……」

「今ある時間だけでできることは……」

「今ある予算だけでできることは……」

「今いる人手だけでできることは……」

という言い方をします。

これらの間には大きな差があります。

「○○がない」と言っている人に、「では、どこまであれば十分なのか？」と聞いても「それはこれから考える」と言って、結局、結論が出ないことがほとんどです。

一方、「今できる範囲で何とかしている」人に「他に何が必要か？」という質問をすると、「あとこのぐらいあれば、このぐらいのことができるはず」という具体的な次のステップが明確に返ってきます。

このように、特に不確実性が高い「川上側」の仕事においては、仮説を立てる発想が特に重要になります。

練習問題　10

以下の「無理難題」にできる範囲でやろうとしたら、どういうことができるか考えてください
（とにかく「足りなくてもギブアップしない」ための練習です。「できません」はなしです）。

◎「世界に蚊は何匹いるか？」考えてみてください
（情報がなくてもギブアップしない）。

◎職場の忘年会を「1人50円の予算でやれ」と言われたらどうしますか？
（お金がなくてもギブアップしない）

考えるとは「モヤモヤに耐える」こと

知識の世界では正解がありますから、たとえ自分のわからなかった問題でも、「正解」を知ってしまえば頭がスッキリします。

また、「１００点満点」があるのも知識の世界です。

それに対して、思考の世界には正解も満点もありません。

「白か黒か」の知識の世界に対して「**すべてがグレーである**」というのが、考えることの世界なのです。

したがって、考える世界においては、頭の中が完全にスッキリすることはありません。

前に述べた「正解病」の人の特徴の1つに、誰かに「正解」を教えてもらって頭をスッキリさせたいと思っていることが挙げられます。

こういう姿勢だと、いつまでたってもスッキリとはならずに「まだ先があるのでは？」と思い続けることに耐えられないのです。

図表24　「考える」に100点満点はない

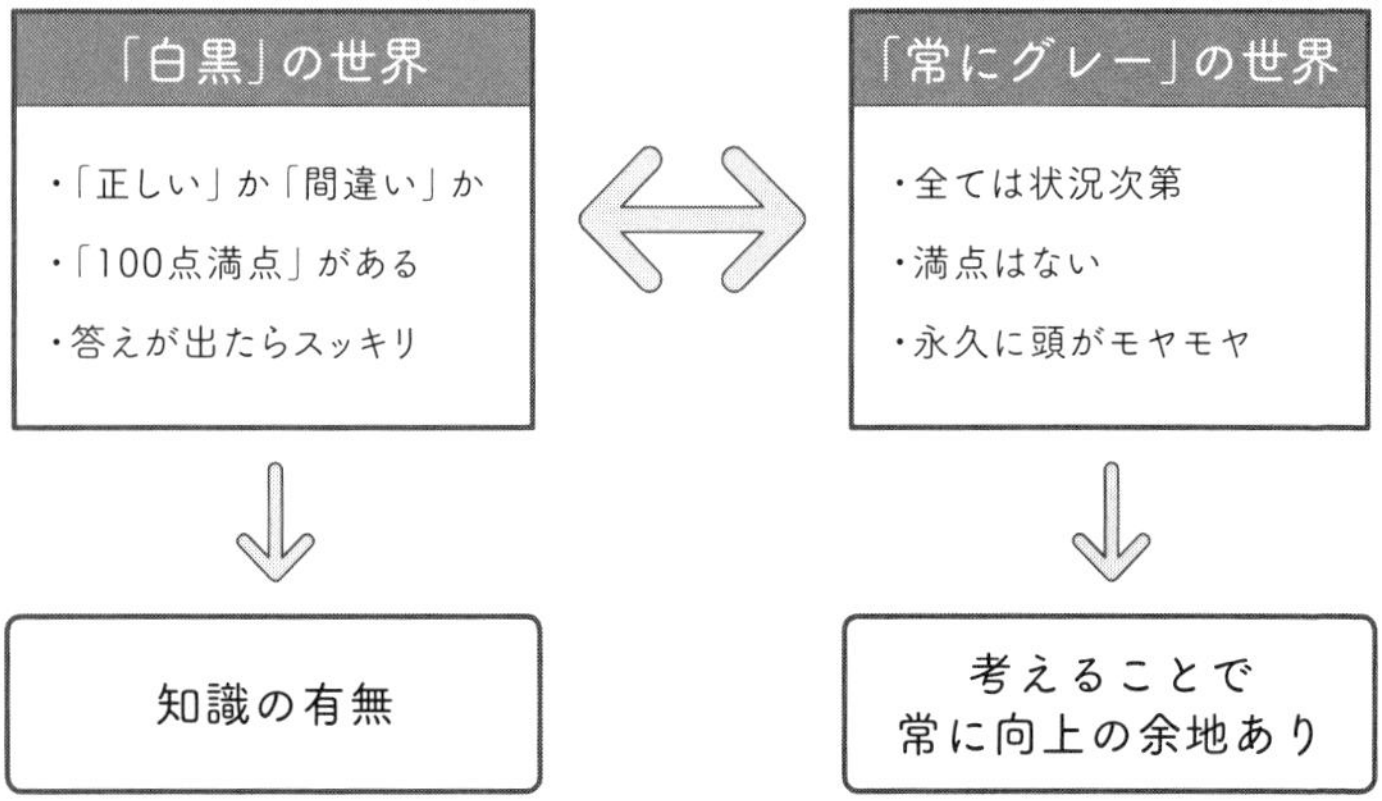
「白黒」の世界
・「正しい」か「間違い」か
・「100点満点」がある
・答えが出たらスッキリ
知識の有無
「常にグレー」の世界
・全ては状況次第
・満点はない
・永久に頭がモヤモヤ
考えることで
常に向上の余地あり

考えるというのは、永遠に続くもので、どこかでスッキリとした正解が出るわけではありません。

これも、受験問題集やクイズ番組に慣れてしまった「正解病」から抜け出すために必要な心の持ちようと言えます。

考え続けることに意味があり、終わりはない

正解がある世界では、正解がわかればそれで終わりです。

たとえば、何かの試験を受ける場面を想定してみましょう。

そもそも「試験がある世界」というのは、正解がある世界にほぼ近いと言ってもいいので、どちらかといえば、知識の世界の価値観で動いています。

知識量が豊富＝正解を出す能力が高い人は、試験問題もすぐに答えてしまって、「教室から途中で退出してしまう」ことも多いでしょう。

正解がある世界では「答えが出たらそれ以上はやることがない」からです。

これに対して、考える世界では、どんなにいい答えが出たと思っても「もっといい答えがあるに違いない」と考え続けます。

だから、時間が余ることもないのです。

これは先に述べた「時間が足りないからできない」が思考力の世界では禁句であることと対をなしています。

これらを合わせると、「時間が足りないことも、余ることもない」のが考える世界です。常に考え続けることに意味があり、そこには終わりはないのです。

考えるとは「空気を読まない」こと

日本人にとって集団で生きていく上で「空気を読む」ことは、非常に重要です。ある意味で、これは先に述べた「見えないもの」を見ている点では難易度の高い、日本人ならではの頭の使い方と言えます。

しかしながら、これは「自ら考える」とは正反対の行為です。なぜなら、「自ら考える」の部分が欠落してしまうからです（図表25参照）。

確かに、見えないものを読んでいることには間違いないのですが、ここで自ら考えることにとって否定的に働いているのはその「動機」です。

空気を読む目的は、他人に同調し、他人と違うことをしたり言ったりしないためです。これは「自ら」考えることを放棄した姿勢と言えるでしょう。

集団で生きていくためには、大変重要なスキルである「空気を読む」という行為ですが、これは集団や組織での生活が重要な「川下側」に必須の姿勢であって、本書のターゲットとする川上には、むしろマイナスとなる考え方なのです。

１２８ページでは「変化を起こすこと」には、リスクが伴うとお話ししました。その

図表25 「考えている人」は空気を読まない

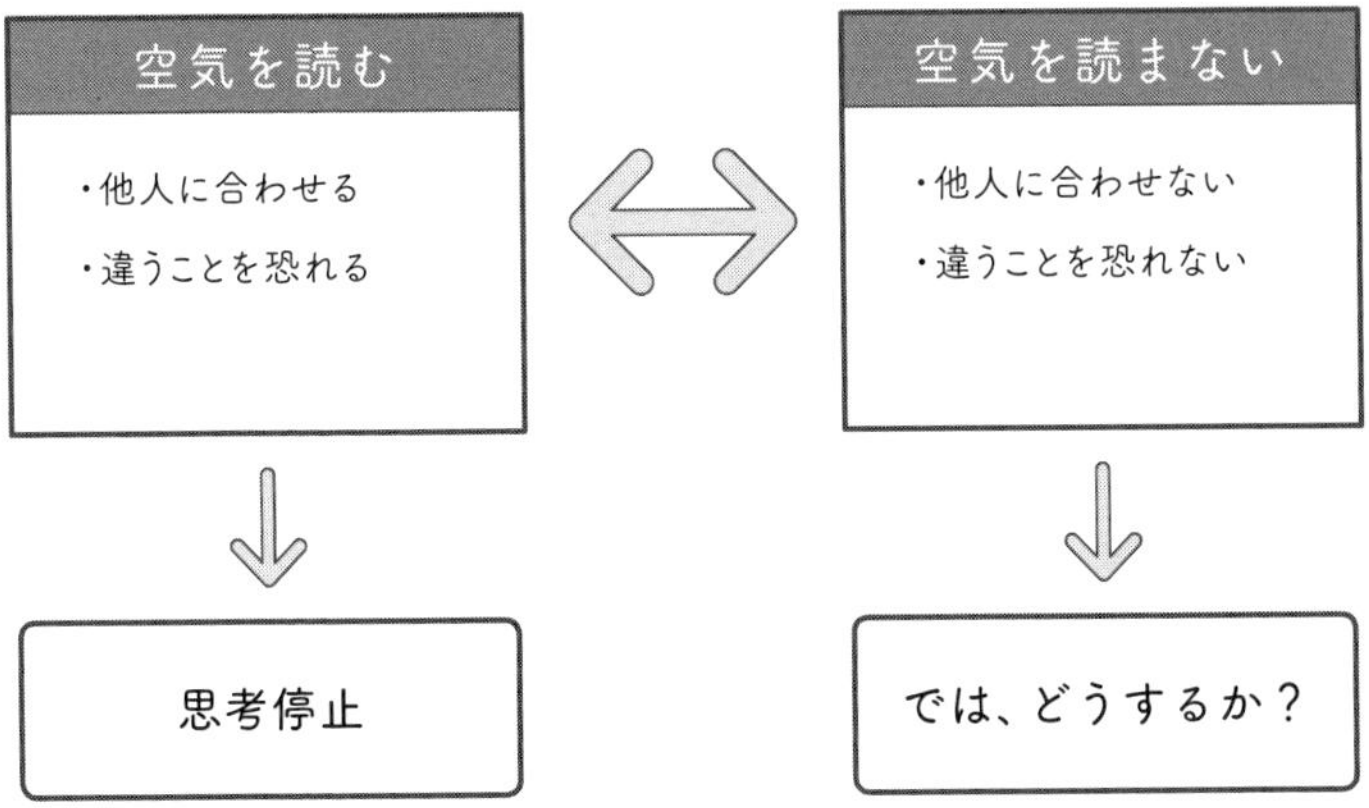
空気を読む
・他人に合わせる
・違うことを恐れる
空気を読まない
・他人に合わせない
・違うことを恐れない
思考停止
では、どうするか？

リスクの1つには、単に変えたことで事態が悪化するかも知れないというリスクの他に、他者から嘲笑され、反対されて孤立するリスクというのがあります。

一般に人は大多数が保守的です。変えるか変えないかと言われれば、大抵の場合（見えていて安心な分）変えない方を取る人が多いので、変えるという選択肢は多くの場合少数派になります。

このような場合には、もし少しでも否定的な結果となった場合には「それ見たことか」という保守派の反撃は必至です。

このように変えることには、リスクが伴うと言えるのです。「自らの頭で考える」ことによって何かを変えることには、常に変えないことよりもリスクがあることは頭に入れておいて損はないでしょう。

考えるとは「戦わなくて済ませる」こと

【会社の同僚同士の会話】

R：「どうすれば競合に勝てるのかなぁ。これまでどの商品でも同じカテゴリー同士だと微妙にシェアを上回れないんだよね。いつも先行している相手より少し工夫した商品にしているはずなんだけど」

S：「そもそも、同じような商品で対抗しているからだめなんじゃない？　後から追いかけるんじゃなく、ボクだったら全く違う土俵で勝負するけどなぁ……」

世界でも人気のある、中国春秋時代の兵法書「孫子」の最も有名な教えに「戦わずして勝つ」という言葉があります。これは戦略的な思考を物語るものです。

この戦略と並んでよく語られるものに、戦術があります。

戦略と戦術の違いについては、様々な視点から語られていますが、1つの側面としてこの言葉が応用できます。

つまり、「いかに戦いに勝つか？」が戦術とすれば、「**そもそもいかに同じ土俵に持ち**

図表26　「戦術」と「戦略」の違い

戦術	戦略
個別の施策	大きな方向性
小目標	大目標
具体的	抽象的
部分	全体
短期	長期
作戦の下流	作戦の上流
どうやって戦うか	どこで戦うか
リソースは所与	リソースの配分
いかに勝つか？	いかに戦わないか？

込まないようにしてしまうか？」が戦略です。

例によって、これらの違いを図表26に示しておきます。

戦略と戦術の違いとは、戦略に重要なのがWhyだとすれば、戦術に重要なのがHowという違いとも言えます。

戦う前に「どこで（勝てる土俵を選んで）勝負するか」を考えることが戦略的ということです。

これを「行列ができている人気店で、いかに並ばないか？」というたとえで言えば、行列ができている人気店で「いかに効率的に並ぶか？」を画策するのが戦術で、「いかに並ばないで済ませるか？」を考えるのが戦略です。

同様に、周りに嫌いな人や苦手な人

がいるときに「その人とどうやってうまく付き合っていくか？」を考えるのが戦術レベルの対策で、「そもそも、どうやってその人と付き合わないようにするか？」を練るのが戦略レベルで考える人です。

練習問題 11

以下の場面の対策を
①戦術レベル、②戦略レベルの両方から立案してみてください。

◎発売前から品薄で入手困難なことがわかっている商品をなるべく早く購入する

①戦術レベル

②戦略レベル

◎何かの競技やゲーム等の大会で優勝する

①戦術レベル

②戦略レベル

考えるとは「裏をかく」こと

実際に用いられた戦略的思考の例を考えてみましょう。

歴史上の様々な戦争や戦いにおいては「奇襲作戦」というのが取られてきました。

有名なところで言えば、織田信長が数的に圧倒的劣勢を覆して、「楽勝」できると高をくくっていた今川義元の首を短期決戦で取ったといわれる「桶狭間の合戦」や、源平の戦いにおける終盤の「一ノ谷の合戦」において、難攻不落と言われた平家の陣を何と背後の急斜面から馬で急襲した源義経の「鵯越《ひよどりごえ》」等が日本では有名です。

このような「相手の裏をかく」奇襲作戦は、スポーツやビジネスの世界でもしばしば戦略として用いられることがあります。

一見相手の虚をつくだけに見える「無謀な作戦」も、実は本書で述べてきたような「考える」ことを様々な側面から見ていけば極めて理にかなったものであることがわかります。つまり、考えるとはある意味で「裏をかく」ことにつながるのです。

この「裏をかく」という作戦で、本書で述べてきたことに関連する事柄を挙げてみましょう。

何が「理にかなっているか」は、前提条件によって異なるために、優勢な側と劣勢の側では、採用する戦略が異なって当然です。

多くの人が思っている「正攻法な」手段に黙って従わずに「自分なりのやり方を出す」ことが「考える」ことです。

「非常識」とも言える雨の中の進軍（実際がどうだったかについては諸説がありますが）や急斜面での馬による夜襲といった、一見「奇襲」のように見えることも、劣勢の側が優勢の側に勝つための方策を「自らの頭で考えれば」、それは、奇策でも何でもなく、多くの人の頭の中にある単なる常識を覆しただけのものであって、それは実は最も合理的なものとなりうるのです。

考えるとは「リスクをおかす」こと

【職場同僚のTさんとUさんの会話】

T：「僕らの同期のVくん、仮想通貨で大儲けしたみたいだよ。1年で10倍になったんだって」
U：「うらやましいなあ。ボクもせめて1万円でも買っとけばよかったなあ……」

「考えること」と「リスク」。一見関係のなさそうなこれらの言葉ですが、実は大きく関係しているのは128ページの「変化を起こす」で記した通りです。考えることには、必ずリスクがともないます。

逆の言い方をすると、リスクを負いたくない人は、思考停止に陥りがちだということです。

まずは、リスクという言葉の意味を改めて、ここで明確にしておきましょう。

一般に使われるリスクというのは、潜在的な危険性とでもいうべきもので、基本的には、否定的な文脈で捉えられることが圧倒的に多い言葉だと思います。

ただし、金融の世界やその他広義で用いられる場合には（双方向に）「変動幅が大きい」

図表27　「考える人」はリスクをおかせる

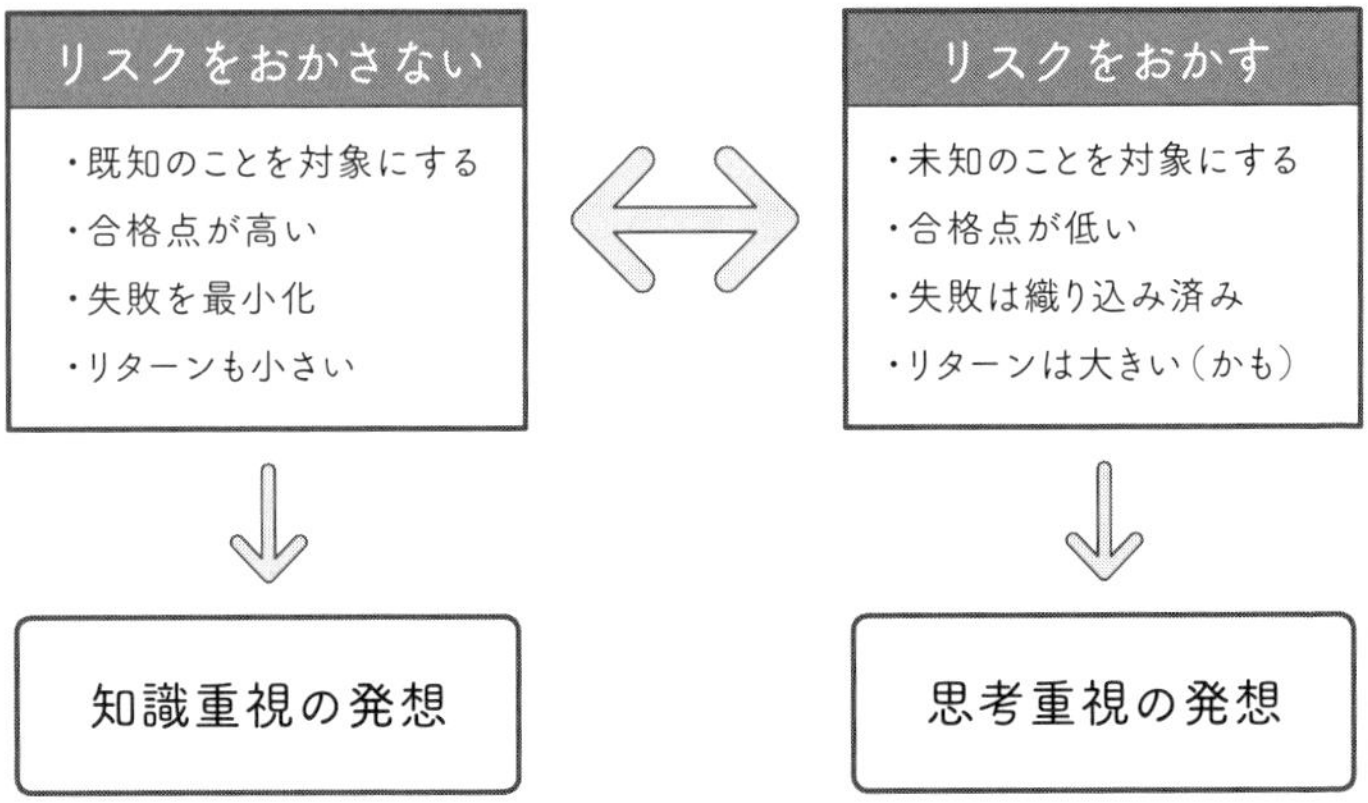
リスクをおかさない
・既知のことを対象にする
・合格点が高い
・失敗を最小化
・リターンも小さい
リスクをおかす
・未知のことを対象にする
・合格点が低い
・失敗は織り込み済み
・リターンは大きい（かも）
知識重視の発想
思考重視の発想

ことを意味します。前述の一般に使われる意味は、その半分だけを表現したものだったのです。

要は、「変動幅が大きい」ことがリスクであると考えれば、これまでお話ししてきた「自由度の大きさ」＝リスクと捉えることができます。

そう考えると、「考える人」とはリスクをおかすことを楽しめる人」ということが理解できるでしょう。

正解がある世界は、まさにリスクはゼロです。正解は確定しているからです。

同様に、将来を向いているか、過去を向いているかもリスクがあるかどうかという観点からも説明ができますね。

考えるとは「差をつける」こと

【思考停止型の上司Wさんと部下Xさんとの会話】
W：「来月から、交際費は一律30％削減することになった。だからざっくり言うとお客様との会食も、すべて2／3に減らすってことだね」
X：「それって、すべての担当者に一律ってことですか？　私の担当のお客様は、ほとんどが今お付き合いが急に広がっているところが多いから、それ無茶ですよ」
W：「いや君も会社の状況は知ってるでしょ？　とにかく経費を減らさなければいけないんだよ」
X：「そんなこと言ったって、今ほとんど付き合いのない会社も、これから付き合いがどんどん増えていく会社も一律って無理がありますよね」
W：「そんなこといちいち聞いてられないんだよ。とにかく一律ね。以上！」
X：「……」

ニュースでよく見かける「一律○○」という言葉、たとえば「賃金一律アップ」「××手当を一律支給」といったことは、集団におけるルールの徹底の場面などでもよく用いられます。

これに対して一律でなく「ケースバイケースで」個別に差をつけるというのが、その逆のパターンです。

ここにも「考える」ためのヒントがあります。

何かを一律で実施することのメリットは、いちいち考える必要がないので、運用が簡単で、かつ（全員が同じになるという点で）「結果の平等」を実現できるために、その後の個別対応をする必要がないということです。

組織や集団を運営するうえで、このようなやり方が相応しいのに対して、実はこのようなやり方は、一方で別の意味の不平等を生み出しています。

結果の平等を実現することは、同時に機会に対する不平等を作り出すからです。努力する人もしない人も、結果が同じであれば、努力した人は、この上ない不平等と感じることでしょう。

「川下」における集団行動や管理の観点からは「一律」とするのは楽なのですが、実はこれ、「川上」的な全体の計画の観点からは「何も考えていない」ことを意味します。

収入が低い人にも高い人にも、同じだけの税金が課せられるとすれば、低収入の人にとっては、著しい不平等と感じることになるでしょう。

図表28　一律なら考えなくて済む

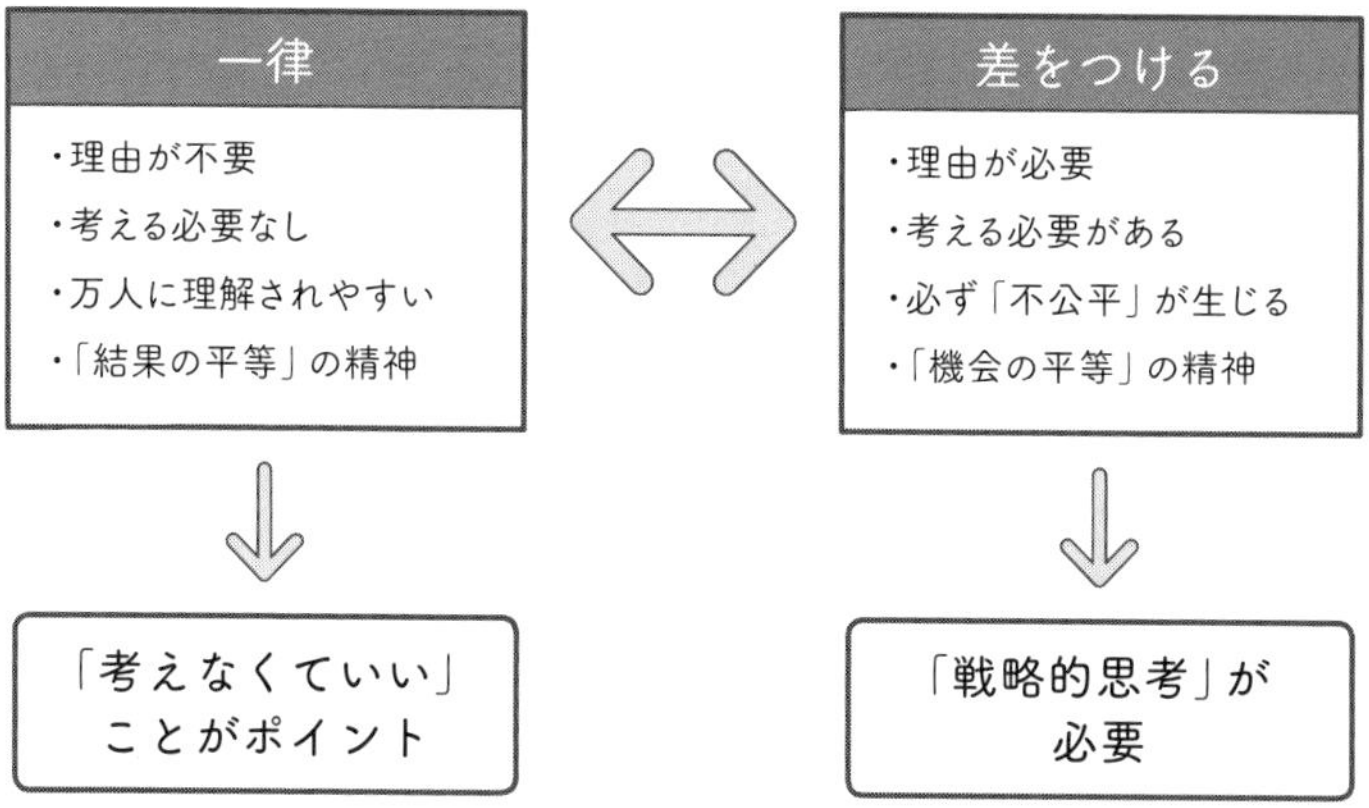
一律
・理由が不要
・考える必要なし
・万人に理解されやすい
・「結果の平等」の精神
差をつける
・理由が必要
・考える必要がある
・必ず「不公平」が生じる
・「機会の平等」の精神
「考えなくていい」ことがポイント
「戦略的思考」が必要

このように、そもそも「平等」などという概念は「幻想」なのです。

それはともかく、少しでもこのような不平等感を解消するためには、考えることが必要になってきます。

「一律」との違いは、平等に関する目的や基準を明確にした上で、結果に差をつけることです。

たとえば、市街地は「一律制限速度40ｋｍ」という規則であっても、実際には見通しが限りなくよくて、60ｋｍでもほとんど危険性がない道路があります。

一方で、道幅が狭く視界も悪く、また子供が多い住宅地等では30ｋｍでも十分に注意しないと、事故の危険性が高いエリアもあるでしょう。

こんな場合に、たとえば視界の良さ、道幅、交通量、歩行者の通行量等という「基準」をさらに設けて細かく見ていけば、このような「不合理」なことは、少しずつ解消していくことができます。

「そんなことといちいちやっていたら管理や運営の手間がかかって大変で、とても現実的ではない」というのが運営側の理由だと思います。

確かに「これまでは」全くその通りでした。

しかし、昨今のＩＣＴの進歩、たとえばＩｏＴやビッグデータと、それらのＡＩによる活用で、そのような細かいデータの把握や管理が、低コストで可能な世界がすぐそこまで来ています。

したがって、このようなことを改めて考えてみるいい機会が来たと言えるでしょう。

先述の通り、「規則」というのは、一般的にこのような「考えなくて済む」傾向があります。

身の回りの規則を考えて、これまでは一律でなければ、とてもやっていられなかったものを変えることができないか、考えてみましょう。

練習問題 12

身の回りの規則で、一律の基準でやっているがゆえに歪みが生じているもの（交通規則や法的な基準など）を見つけて、現状それによってどのような問題が生じているかを考えてみましょう。

あなたなら、それにどういう新しい基準を設けて、それをどう改善するか考えてみましょう。

考えるとは「尖らせる」こと

【社内教育担当のYさんと商品企画部門リーダーのZさんとの会話】

Y：「この前の研修プランなんですが、一部の人だけに対象が偏るのはどうかと思うんですが」

Z：「それはそれでいいんだけど、いま必要なのは『一律に底上げ』することではなくて個性的な人を引き上げることなんですよ。だから……」

Y：「いやそうは言ってもやはり一部の人だけというのは、公平性から考えるとどうかと思います」

考えることは「差をつける」ことであるという前項に関連して、考える力をつけるための教育の違いについても、見ておきましょう。

知識を身につけるための教育と思考力を身につけるための教育の違いが、ここにも表れます。

教育によって何らかの知的能力を向上させるための手法として、大きく以下の2通りが

図表29 「考える人」は尖らせたくなる

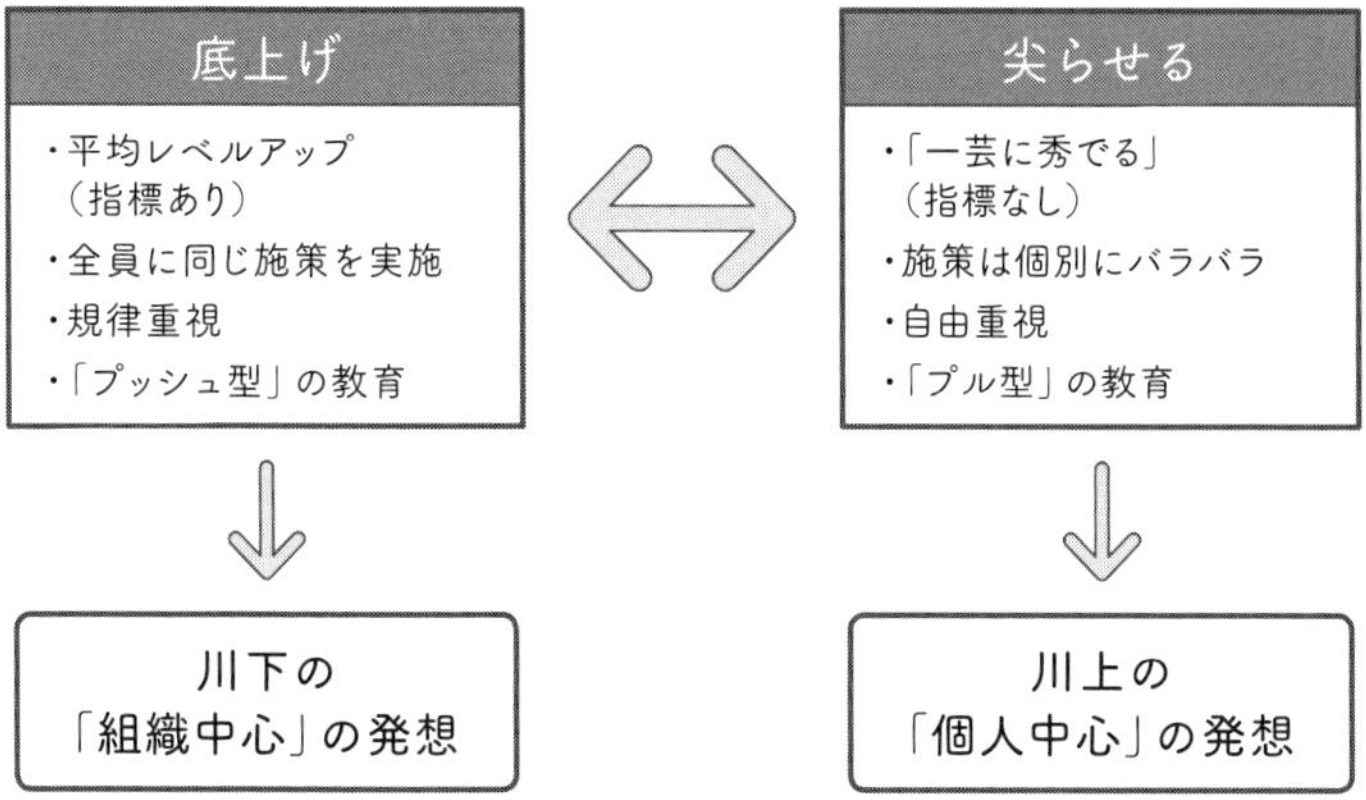

底上げ
・平均レベルアップ（指標あり）
・全員に同じ施策を実施
・規律重視
・「プッシュ型」の教育
川下の「組織中心」の発想
尖らせる
・「一芸に秀でる」（指標なし）
・施策は個別にバラバラ
・自由重視
・「プル型」の教育
川上の「個人中心」の発想

考えられます。

「全体的に平均レベルを向上させる」という考え方と「各自の個性を伸ばす」という考え方です。

例によって、これらの違いを比較して図表29に示します。

教育におけるやり方に正解はないのはもちろんですが、これらの「2つの考え方」については、宗教論争のように様々な人が様々な場面で持論を展開しています。

ただし、そこで抜けがちな視点が「それは何を狙っているのか?」という視点です。これらが有効な場面は、それこそケースバイケースですが、従来、特に日本やアジアの国で主流であった「知識習得重視」の考えが「全体平均引き上げ型」に馴染むのは、ここまで本書を読んできた皆さんであれば、容易に理解してもらえることでしょう。

別の側面で見れば、いわゆる出来上がった組織を効率よく運営するための「川下型」の人材に最適化されているのが、この「全体平均引き上げ型」の発想なのです。

これに対して、「川上志向」の思考力は基本となる考え方が違うのです。

平均を引き上げるのであれば明確に指標（採点基準と点数）が決まっている世界であるのに対して、「尖らせ方」には様々な指標が存在します。

そうであるにもかかわらず、知識型＝「全体平均引き上げ型」の思考回路に固まっている人は、どうしても成果を指標にし、効果を数字で表そうとするのです。

本書で繰り返し何度も述べている「思考回路の転換」の必要性は、このような場面で顕著に表れています。

考えるとは「数字で判断しない」こと

【職場の上司と部下の会話】

A：「新商品の提案書見たよ。『しなやかさ』がポイントってどういう意味？　要は売れるかどうか、数字で示してくれなきゃ説得力ないよね」
B：「いや、それは新商品ですから、うまく表現はできないですよね」
A：「いや、そうは言っても会社なんだからとにかく数値化してよ」

仕事でも何でも「数字で表現する人」は、なんとなく賢そうに見えます。

もちろん、場面によっては「単なる直感」でものを言う人に比べると理性的で説得力があるように感じられます。

でも、この「何でも数字で表現する」というのは、ある側面においては思考停止の象徴とも言えるのです。

「知識教の信者」と同様、「数字教の信者」というのは、ビジネスの世界でも教育の世界でも多数存在します。

図表30　ただ「数字で判断する」は思考停止の証

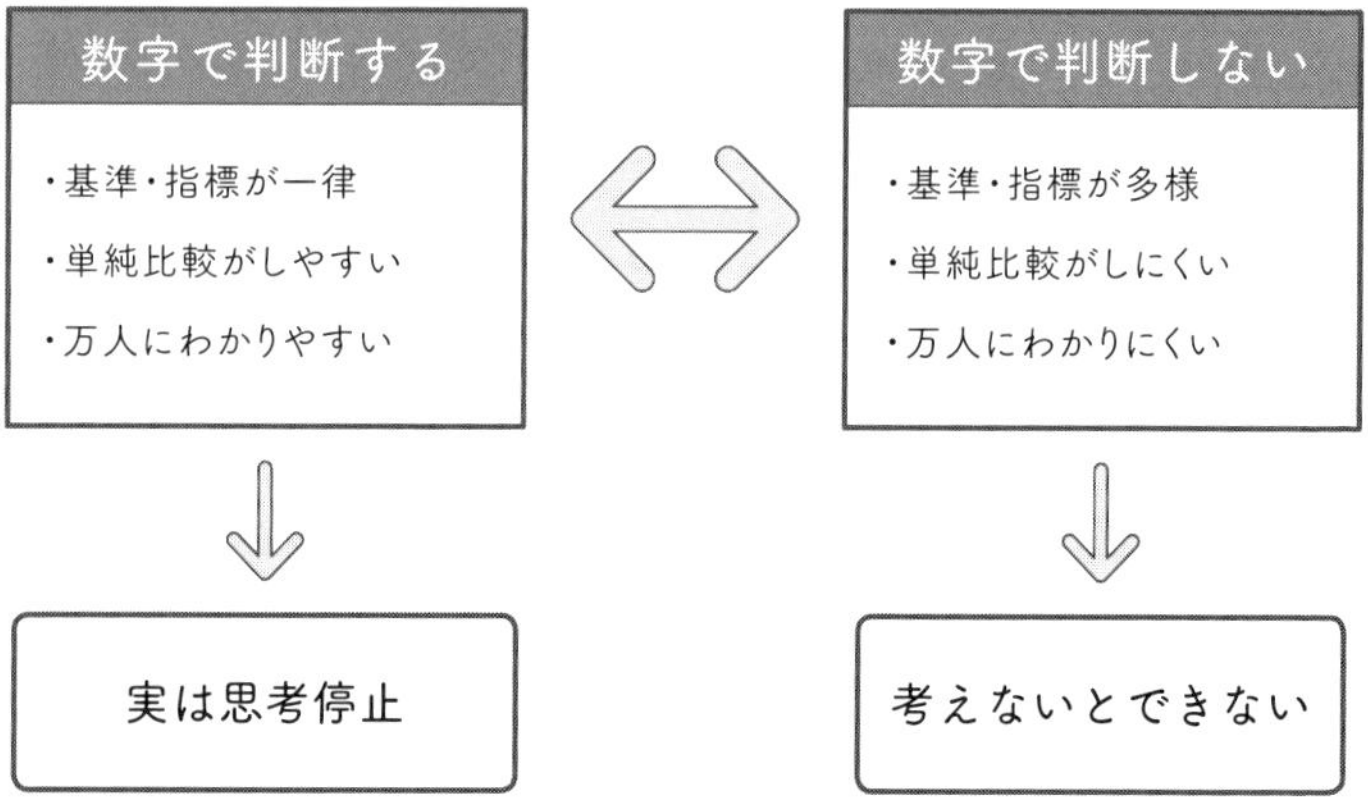
数字で判断する
・基準・指標が一律
・単純比較がしやすい
・万人にわかりやすい
実は思考停止
数字で判断しない
・基準・指標が多様
・単純比較がしにくい
・万人にわかりにくい
考えないとできない

これは、本書でいう「川下の世界」では有効な考え方ですが、創造性やイノベーションを重視する「川上の世界」では、実は「何も考えていないから数字（知識）でしか語れない」ということになるのです。

例によって「数字で判断（表現）する」のと「数字で判断（表現）しない」のとを比較で示しましょう。

「数字で判断する」というのは、物事の判断基準や評価指標が（数字という）一通りしかないことを意味しています。

要するに、川上における「考える」とは「変数を見つける」ことであって「与えられた変数を最適化する」ことではないのです。

変数が与えられてしまえば、あとはＡＩが圧倒的な問題解決能力を持っているというのは、たとえば囲碁の世界でアルファ碁が証明してしまったことです。囲碁で言えば、「局面の良し悪し」を数値計算可能にしてしまったからこそ、コンピュータが「解く」ことが可能になったのです。

数字以外の変数を見つけることは、現状AIが簡単にできることではありません。現状人間にしかできない「数値以外のもので判断すること」が考えることにつながっていくのです。

「数字で表現する」ことも、思考停止の象徴かもしれない

「数字で判断する」ことの難易度が相対的に低いことは、たとえば、ビジネスでの以下のような場面を想定してみればわかるでしょう。

- 営業の場面で、なかなか買うことが決定できない顧客へのオプションの提示の仕方として「値下げをする」というのは全く頭を使わなくても「誰でも思いつく」方法だが、別の形での付加価値を提示して、顧客に「もっと高くても買いたくなる」ように仕向けるという方法は一律でないが、可能性は無限に存在する
- 購買担当の交渉として業者に「値下げさせる」ことは「誰でも思いつく」方法だが、

その他の条件を駆使して、最終的に自社の利益になる施策を考えることは様々な工夫が必要である

・採用の場面において、なかなか入社を決めてくれない有望な候補者に対して追加の条件を示すのに「給料を上げる」（あるいは同様の金銭的報酬を上げる）というのは「誰でも思いつく」安直な方法だが、金銭以外のインセンティブを与えることは、多様な基準の答えがある分、頭をつかう必要がある

「たくさん知識を持っている」ことが必ずしも「考えている」ことにはつながっていない（むしろ逆である）のと同様に、（一見「頭を使っている」ように見える）「数字で表現する」ことも場面次第で（特に川上の場面で）は、思考停止の象徴であることがおわかりでしょうか。

考えるとは「並ばない」こと

1つの指標や基準で考えるのではなく（たとえば「数字」）、違う指標や基準を考えてみようというのが、考えることであるというのが前項の要点でした。

では、「違う指標を考える」というのは日常生活でいうと、どういうことなのでしょうか？　1つ典型的な例をお話ししましょう。それは「列に並ぶかどうか」ということです。「戦わなくて済ませる」の項目で並ばないことの意味合いについて述べましたが、さらにいくつかの観点から「並ぶこと」がいかに思考停止の温床であるかをお話ししましょう。「列に並ぶ」という行為は、典型的な「決められた指標の中で勝負する」行動です。対して「列に並ばない」のは「指標を変える」ことの象徴的な例です。

比較表にしてみると、これが「考えている」と「考えていない」の構図と、ほとんど同じ構図になることがわかるでしょう。

列に並ぶというのは、そこにある列を疑わずにとにかく並ぶので、「列」（という基準）は1つであるという発想です。

これに対して、並ばないというのは、そもそも「その列に並ぶ」より他にやることが

図表31　そもそも列に並ぶ必要はあるか？

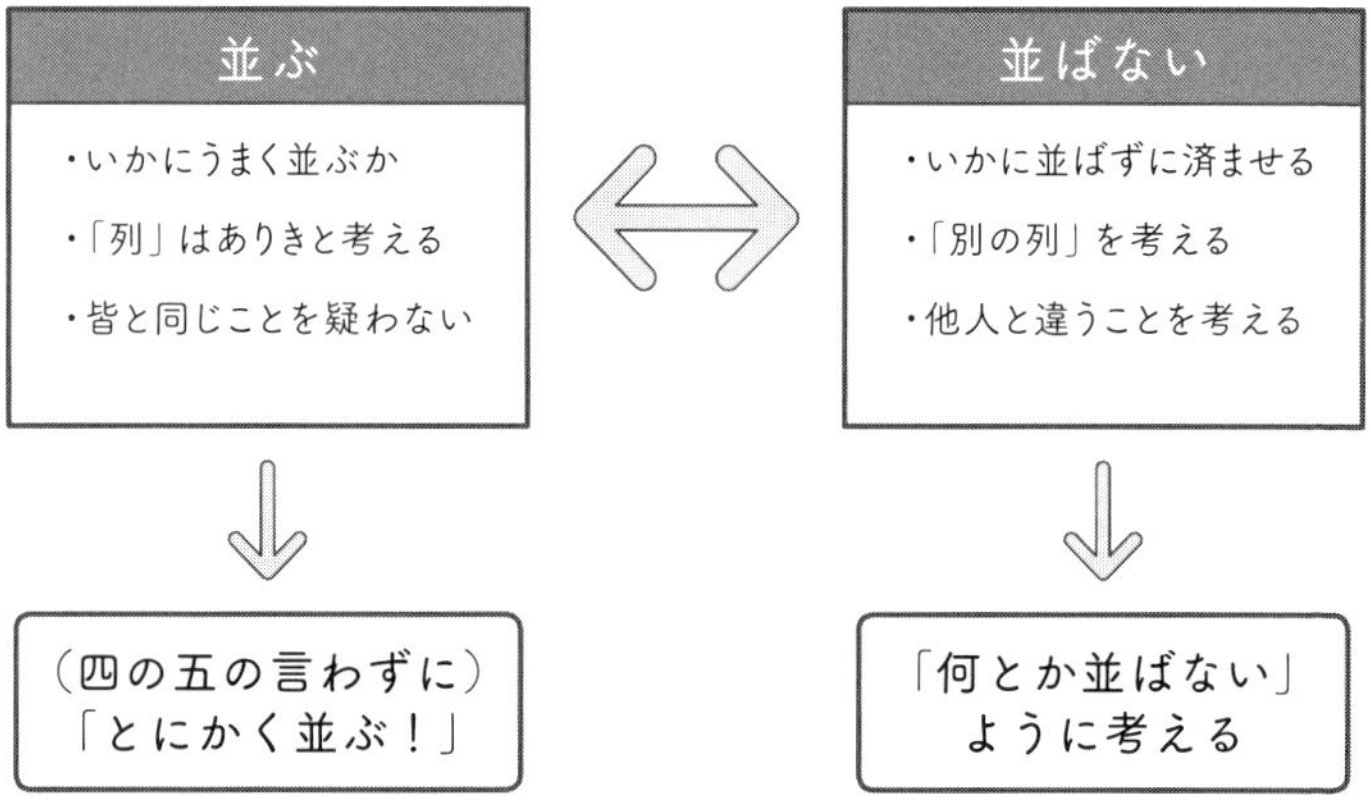
並ぶ
・いかにうまく並ぶか
・「列」はありきと考える
・皆と同じことを疑わない
並ばない
・いかに並ばずに済ませる
・「別の列」を考える
・他人と違うことを考える
（四の五の言わずに）「とにかく並ぶ！」
「何とか並ばない」ように考える

いくらでもあるという発想から入ります。

それらの根本にあるのは、皆と同じことをやるのか、何とか他の人とは違う発想で「同じ列に並ばない」（あるいは、そもそも並ぶことをしなくても良いようにできないか？）を考えるかの違いです。

さらに、この根本にあるのは「他の人と同じ」であることを疑うかどうかです。

列に並ぶというのは「他の人に何も考えずに従う」ことを意味する一方で、列に並ばないというのは、他の人と同じように並ぶことを潔しとしないという姿勢の表れです。

日本人が特に好きだといわれる行列ですが、このように思考回路を象徴的に示すものであると言えます。

要は、戦略と戦術の違いで先述したような「決められた土俵でいかに戦うか」というのが

「いかにうまく並ぶか」ということで、「土俵をいかに変えて戦わないようにするか？」が「並ばない方法を考える」ということです。

「並ばない」と「考える」の共通点という点でもう1つの観点を挙げておきます。それは206ページで説明する「全体俯瞰」に関してです。

ホテルの朝食等で「バイキング式」があります。ここでの料理の取り方でも「すぐに並ぶ人」と「すぐに並ばない人」の違いが出ます。実際に観察している限りでは、9割以上、ほとんどの人は（特に混雑しているときは）バイキング会場に入るなりいきなりトレーを持って並び始めます。このバイキング料理の話、全体を眺めることのメリットを改めて理解する上でも役に立ちます。

全体を見ることなく、いきなり並び始めるということは「どんな料理があるのか？」の全体像を把握することなく、目の前に現れたものから手を出していくことになります。もしかすると、途中で取りすぎてしまったり、逆に「もっと良いものが出てくるだろう」と思っている間に最後までたどり着いてしまったりと、いずれの場合も「後戻り」する必要が出てきます。

つまり、全体の優先順位付けができていない状態で作業に着手をしてしまっているという状態が「とにかく並ぶ」という姿勢に表れてしまうのです。

練習問題 13

「並ばない」ことを志向して「土俵を変えてしまう」ことがいかにしてできるか考える練習です。

皆さんが最近、長い列に並んだことを思い出してください。

それは本当に並ぶ必要のあるものだったでしょうか？

何としてでもその列を回避しようと思ったら「そもそも」どのようにすればよかったか、

◎その場でできた工夫

◎事前準備の段階でできた工夫

◎全く別の手段を使って同じ目的を果たすためにできた工夫

◎そもそもの生きるスタンスや考え方としてできた工夫

について各々考えてみてください。

考えるとは「ちゃぶ台返しをする」こと

与えられた目の前の問題をすぐには解決しようとせず、「そもそもこの話って……」と話を「蒸し返す」人がいます（前述の「空気を読まない」行動の1つとも言えますね）。

この「そもそも……」という発想、考える上では重要なキーワードです。

まずは、原点に立ち返ってみる。言い換えると、「そのまま」走り出すのではなく、まずは、その問題の根本原因に立ち返るということです。

これが第2章の3つの領域で解説した、問題解決の流れ（問題発見＋定義→問題解決）の中で、問題発見＋定義という前半のところが、いわば「そもそも」に相当する、問題そのものを決める段階に相当します。そのあとは、言ってみれば決められた問題を解くという段階です。

したがって、「そもそも」あるいは、ちゃぶ台をひっくり返すというのは、解くべき問題が的外れではないかという問題提起なのです。

「間違った問題を正しく解いてしまう」というのが、問題解決は得意だが「そもそも」を疑うことが苦手な人が陥りがちな落とし穴です。

図表32　本当の「考える」とは問題発見型の思考法

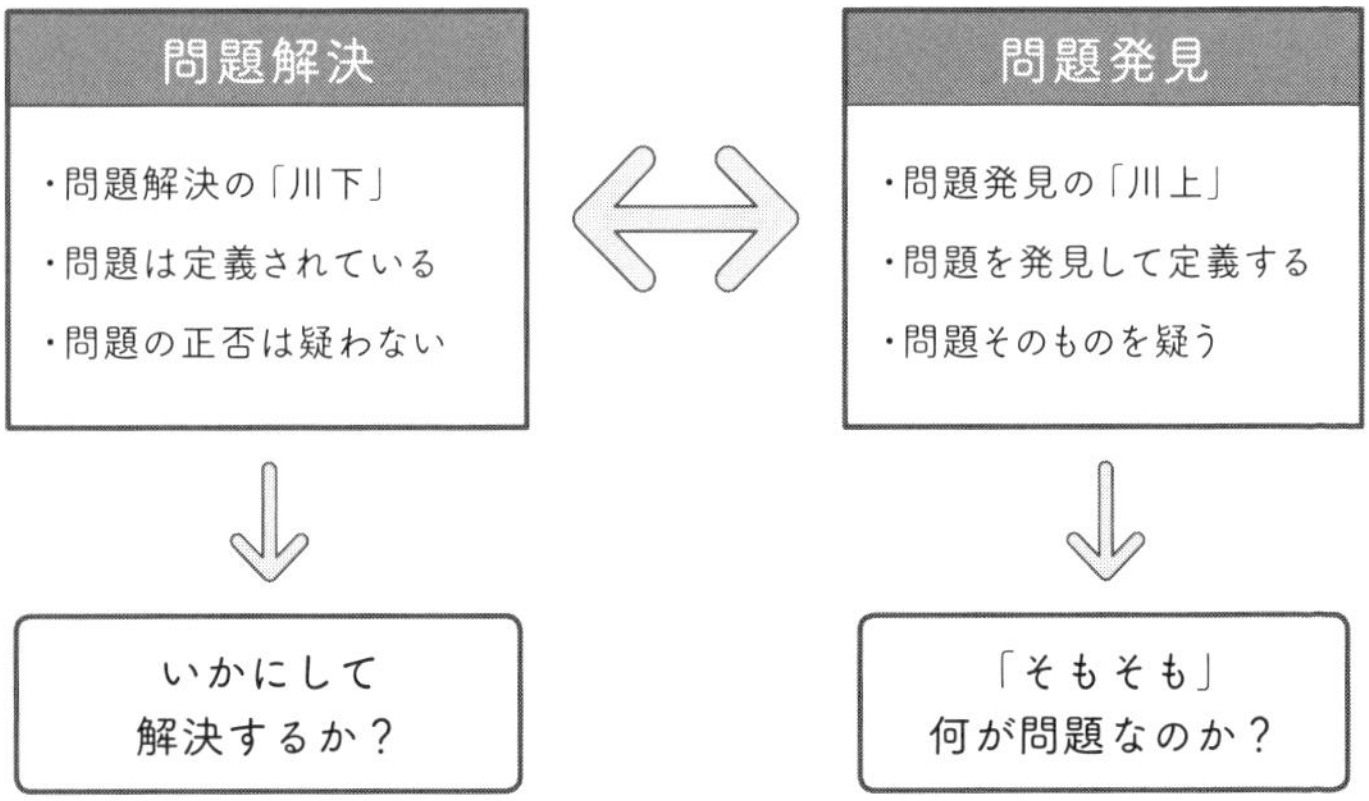
問題解決
・問題解決の「川下」
・問題は定義されている
・問題の正否は疑わない
いかにして
解決するか？
問題発見
・問題発見の「川上」
・問題を発見して定義する
・問題そのものを疑う
「そもそも」
何が問題なのか？

問題解決の川上に相当する問題発見の重要性を物語っているといってもいいでしょう。

これら2つの違いを図表32に示します。

考えるとは「そもそも」という思考回路のこと

たとえば「職場のモチベーションを上げるために新しい働き方を考えよう」という問題が提起されたとします。

このとき「問題解決型」の思考回路の人は、「新しい働き方を考える」という与えられた問題をいかにうまく解決するかに集中して、とにかく新しい働き方のことだけを考えます。

これに対して「そもそも」という思考回路

の人は、与えられた問題の上位目的である「職場のモチベーションを上げる」ことを達成するにはどうすればいいかと、問題そのものを定義し直そうとします。

そうやって、たとえば身の回りのモチベーションが上がらないと言っている人を観察してみると、働き方に不満を持っているというよりは、上司や仕事内容そのものに不満を持っている人が多いことに気づきます。

「そもそも」新しい働き方が必要なのか？　という発想になるのです。

その結果、出てくる「新しい問題」というのが「上司との目標の齟齬《そご》をなくすためには？」とか「長期的視野に立って仕事に取り組むためには？」といったものであることを考え始めるというわけです。

考えるとは「質問する」こと

【教室での先生と生徒の会話】

先　生：「今日の話は以上だけど、何か質問はある？」
生徒一同：「……」
先　生：「質問がないってことは、何も聞いていなかったのと同じだぞ。いいか、人の話を聞いたら、必ず自分なりの質問をすること。それが何か話してくれた人への礼儀だと思え。Ａ、何か質問はないか？」
生徒Ａ：「でも先生……。質問するってことは、逆にちゃんと聞いていなかったってことじゃないんですか？」

正解がある知識の世界で重要なのは「答え」です。
これに対して考える世界で重要なのは、問題そのものを発見するための「**質問**」です。
考える行為というのは、質問によって「知らないこと」に目を向けることから始まります。皆さんの日常の何気ない会話の中での質問の比率をチェックしてみましょう。

図表33 「考える人」は質問したくなる

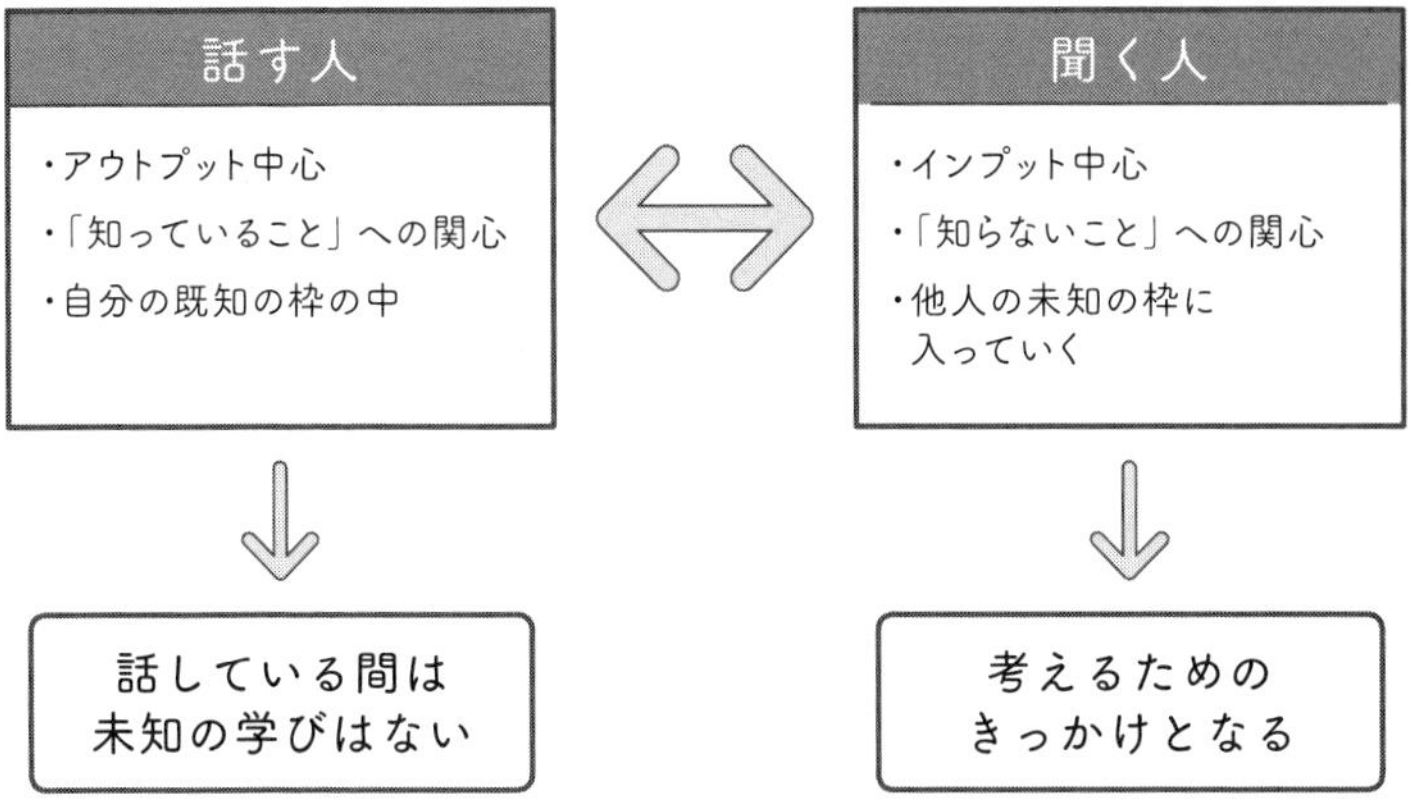
話す人
・アウトプット中心
・「知っていること」への関心
・自分の既知の枠の中
話している間は
未知の学びはない
聞く人
・インプット中心
・「知らないこと」への関心
・他人の未知の枠に
入っていく
考えるための
きっかけとなる

先述したように「考える」とは、まずは「知らないこと」に目を向けることから始まりますが、ある人が既に知っているものに興味があるのか、それとも、まだ知らないことに興味があるのかは、この比率を見るのがもっとも簡単な方法の1つです。

「よく喋る話し上手な人」というのは、会話がアウトプット中心、つまり今自分の知っていることが話題の中心になっていることはおわかりでしょう。

このような状況では、実は考えることも学ぶこともできてはいません。考えている人は、むしろ聞き上手型であることが多いと言えるでしょう。

1つは、自分が既に知っていることよりも知らないことに興味が向いている、したがって知っていることを話すよりも、他人から自分の知らないことを教えてもらえるよう、質問を次々に繰り出していくのです。

何も質問しないというのは、存在していないのと同じ

冒頭の話にもどってみましょう。確かに生徒Aくんの言い分ももっともです。特に日本の学校では（中学生以上は特に）「質問＝恥ずかしいこと」というイメージがなかったでしょうか？

これが、まさに日本の教育が知識中心であることを物語っているのです。確かに知識を伝授する場面においては、質問するということは話をちゃんと聞いていなかったことを意味しますから、質問はある意味で恥ずかしいことになるわけです。ところが、思考力のための話というのは、あくまでも聞いている側に自律的に何か考えさせることが究極の目標なわけです。

ですから、そこで質問が出てこないということは、聞き手に対して何らの刺激も与えられなかったことを意味します。

聞いている側が、何も質問しないというのは、存在していないのと同じことを意味します。

練習問題 14

次に、何か他人の話を聞く場面があったら、「自分ならどんな質問をするか？」と、自分なりの質問を考えながら聞いてみましょう（可能であればそのまま質問してしまいましょう）。

他人の話を「知識を得るため」という目的の他に「自分で何か考えるため」に「質問を探しながら」聞くことで、それまでと頭の中で起きることにどういう変化が表れたか振り返って考えてみましょう。

考えるとは「自由である」こと

【職場の同僚（異なる課）同士の会話】

Ａ：「うちの課長って何でも丸投げしてくるんだよね。『これ適当にやっといて』とか言って。あれじゃ管理職いらないよね」

Ｂ：「いいなあ。こっちの課長は何でも指示が細かいからつまらないんだよね」

「考えることで自由になれる」というのは、第1章でお話しした通りですが、本書でたびたび比較している川上と川下の関係からこれを説明してみましょう。

最も川上の世界とは、まだどこが川かもわからない、いわば「白紙に何も書かれていない」状態です。つまり、最も自由度が高い状態です。

ここにまずは大枠を描き、そして枝葉をつけていくことに必要なのが「考える力」（＋もちろん知識や経験も）であるわけですが、前述の通り、川下側に行けば行くほど（知見がたまり、かつ過去の知見が使えるようになってくる点で）知識や経験の役立つ割合が大きくなっていきます。

図表34　「考える」ことで自由になれる

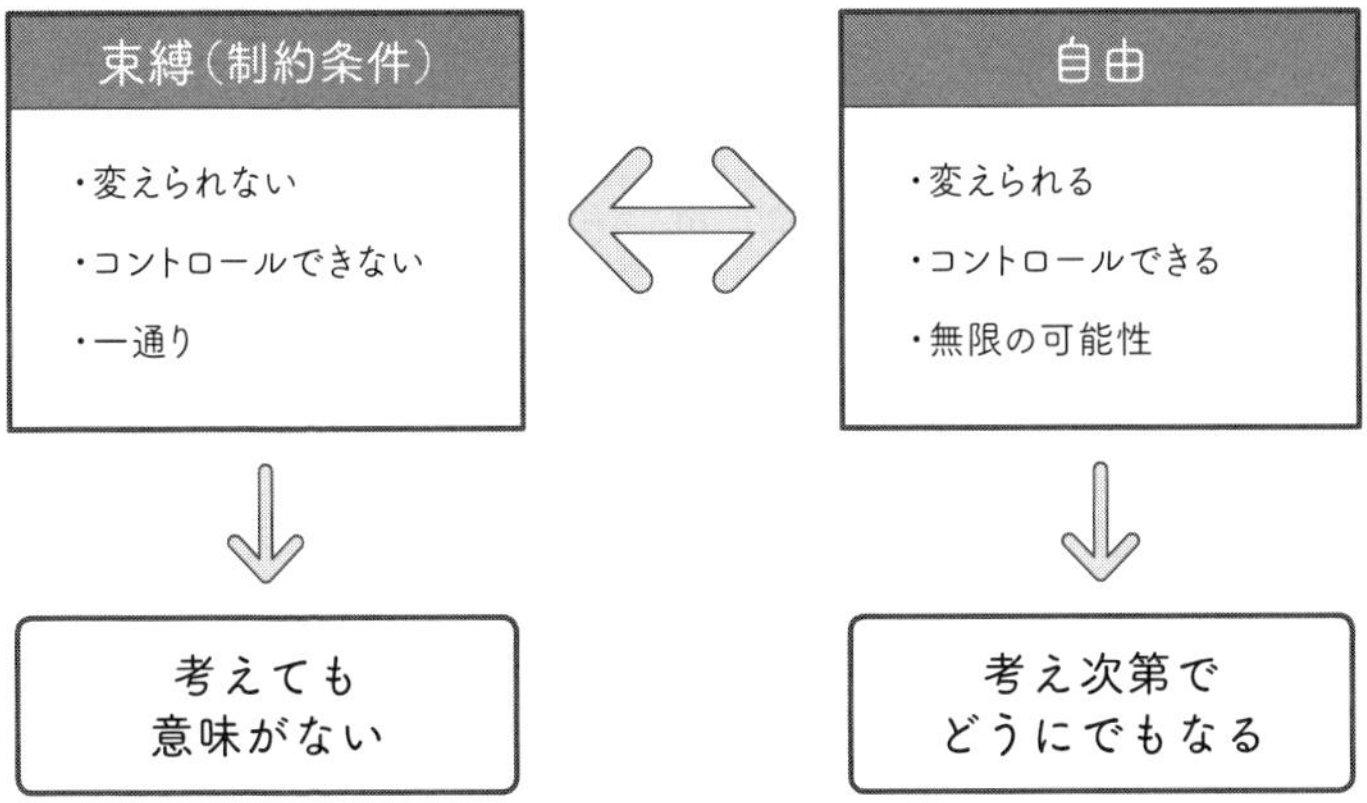

考えるというのは、このように「自由度が高い」状況で、ある材料を使いながらベストの選択肢を出していくような場面で必要になります。

だから**「考えている人」というのは「何も決まっていない」ことを愉快に感じる**のです。

かたや、いつも膨大な知識や情報に埋もれている人は「何も決まっていない」あるいは「何も情報がない」という状況を不快に感じます。

何か既に描かれている絵を見て、それについて語るのが「川下」に近い知識型の発想です。

これに対して、これからどうにでも変化できる白紙を見て意欲が湧いてくるのが、川上型の人の発想なのです。

思考を放棄した人は、過去や他人のことにとらわれる

「そうは言っても何を描いたらいいのかわからない」というのが、多数派ではないかと思います。

そんなときにこそ、本書で繰り返している「そもそも正しいも間違いもない」とか「合格点を下げてまずはスタートする」とかといったメッセージを思い出してもらいたいと思います。

このような思考回路を反映して、考えるというのは自分で変えられる、つまりコントロールができることを対象としたものです。

これに対して、思考を放棄した人は自分で変えられない過去のことや他人のことに関心が向いてしまっています。

考えるというのは、基本的に前向きに将来を築いていくためのものであり、それは「後悔しない」ことにもつながっていきます。

第5章

考えるとは「見えないものをつなげる」こと

「見えるもの」と「見えないもの」の違い

前章では、行動も含めた普段の「考える」ための習慣付けのヒントについて解説しました。続く本章では、もう少し考えるための基本原理に踏み込んでみましょう。

「自分の頭で考える」ためのものの見方について解説していきます。

一言で表現すると、それは「**見えないものをつなげる**」ということです。

ここでいう「つなげる」という行為に関しては「結果と原因」「手段と目的」「部分と全体」といった「見えやすいもの」と「見えにくいもの」の間の関係性を見出すというのがポイントです。

「考える」という行為は、目に見える形で説明するのが難しい分、「考えていない」という状態との比較を簡単に分析していくことで、頭の使い方を噛み砕いて説明していくのは、これまでの各章と同様です。

まず本章の前半では、考えることが対象とする「見えないこと」とは何かを「見えること」との比較で示します。

さらに後半では、見えないものをつなぐという感覚を様々な視点から提示することで実践のイメージをつかんでもらうことを目的とします。

中には表面上は相矛盾するように見えるメッセージも含まれているかも知れませんが、そのような矛盾をどのように消化していくのかも「自分で考える」ための重要な布石になりますので、その辺りもぜひ楽しんでもらえればと思います。

では、まずは前半部分で「見えるもの」と「見えないもの」の違いから明確にしていくことにしましょう。

考えるとは「見えないもの」を意識すること

【大学生同士（友人の男子と女子）の会話】

男子Ａ：「理想の男性ってどんな人？」

女子Ｂ：「そうねえ……。あまりお金に細かくなくて、休みの日にゲームばっかりとかしてなくて、人の悪口あまり言わない人かな」

男子Ａ：「なんでそう言ってるか、なんとなくわかる気がするよ」

本章から述べていくように、考えるというのは、多かれ少なかれ私たちが直接目にしたり触れたり調べたりできないものに、思いを馳せることを意味しています。

さらに正確に言えば、「見えるもの」と「見えないもの」を関連づけながら新しい見えるものを生み出していくのが考えるということです。

たとえば、冒頭の会話にもどってみましょう。

男性が「なんとなくわかる」と言った心境、読者の皆さんも想像がついたことでしょう。

恐らく、この女性は過去の実在の「元カレ」の欠点をすべて裏返してこれらの「○○でない人」という人物像を描き出したに違いありません。

この例が象徴的ですが、経験や知識というのは、何かを考えるときに「良くも悪くも」その最初のよりどころになりがちだということです。

したがって、恐らく「元カレ（カノ）」との経験が多い人の方が、ほとんど男性（女性）と付き合ったことのない人に比べて、このように「○○でない人」という発想になる可能性が高いということです。もちろん、こちらがフラれるばかりで、いい思い出しかない元カレ（カノ）からスタートすれば、その人の長所がそのまま出てくる可能性も高いですが、いずれにしてもこれらは「実在の人」からの発想であるということです。

知識と思考の関係が、これらからよくわかってもらえると思います。

知識・経験が新しい発想の妨げになることも

たとえ「今ない」新しいものを考える場合でも、その最初のよりどころがそれまでの知識や経験であることは間違いありません。

ただし、それがあまりに積み重なっていると、そこから抜けられなくなってしまうのです。知識・経験が発想の妨げになるメカニズムがここでも垣間見えます。

図表35　「見るもの」と「見えないもの」の違い

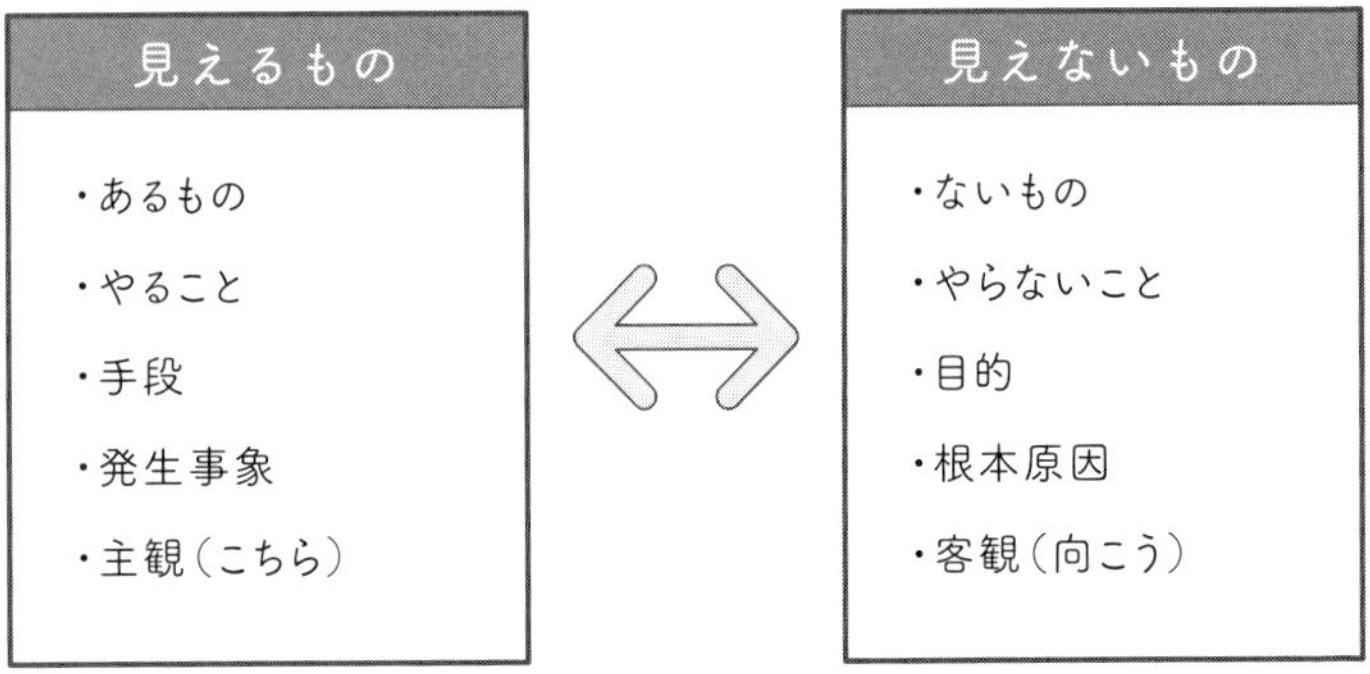
見えるもの
・あるもの
・やること
・手段
・発生事象
・主観（こちら）
見えないもの
・ないもの
・やらないこと
・目的
・根本原因
・客観（向こう）

このように、「今あるもの」と「今ないもの」からの発想には、全く違う頭の使い方が必要なのです。

これは様々な意味で「見えるもの」と「見えないもの」の関係全般に当てはまります。

ここでは、やや抽象的に表現した「見えるもの」と「見えないもの」の違いの例を挙げておきましょう。まずは一覧を図表35に示します。

では、これらを1つずつ見ていきましょう。

「今ある」ものと「今ない」もの

見えているものとは「今ここにあるもの」のことで、見えていないものとは「今ここにないもの」のことです。

想像力というのが、まさにこの今ないものを思い浮かべることと言えます。

もちろん、そうは言っても出発点は今あるもののはずですが、そこからどこまで今ないものを想像できるか？　これが考えるということです。

ここで2つ問題です。

1　家にあるもの

皆さんの家の中に「あるもの」を10秒間で10個挙げてください。

（必ず手元のメモに書き出してみてください）

……いかがでしたでしょうか？　すぐに10個浮かびましたか？

2　家にないもの

では、次に家の中に「ないもの」を10秒間で10個挙げてください。

……さて、こちらはいかがでしたでしょうか？

ここで皆さんに改めて1と2で、どのような頭の使い方をしたか振り返ってもらいましょう。1と2の頭の使い方で、どのような違いがあったでしょうか？

一般に短時間であれば「あるもの」の方が、はるかに挙げやすかったでしょう。

このやり方は、人によってほとんど変わりません。家の中の様子を「思い浮かべて」順々に歩いて（目線を移動して）、そこで「目に入ってくる」ものを挙げていけば、すぐに10個ぐらいはいきますね。

次に「ないもの」の方、これは少し工夫が必要だったと思います。

また、こちらの方は人によってやり方が千差万別。したがって、出てくる項目も千差万別ということになるでしょう。

しかも、これは単に「思い浮かべる」ことができない分、少し厄介だったのではないでしょうか。まさにここから先が記憶から引っ張り出した知識から何かを考え始めるポイントです。たとえば、まずは先に考えた「あるもの」を思い浮かべて、それを少し変えてみるという視点が考えられます。

たとえば「ネクタイ」から、（男性の一人暮らしであれば）女性用の衣服がないと考えて「スカート」や「ブラウス」に行くとか、「猫」はいるが「犬」や「ネズミ」はいないとか、さらには（家に入らないほど）大きいものや（簡単には買えない）「高価なもの」を発想し

図表36　「ないもの」を思い浮かべるには工夫が必要

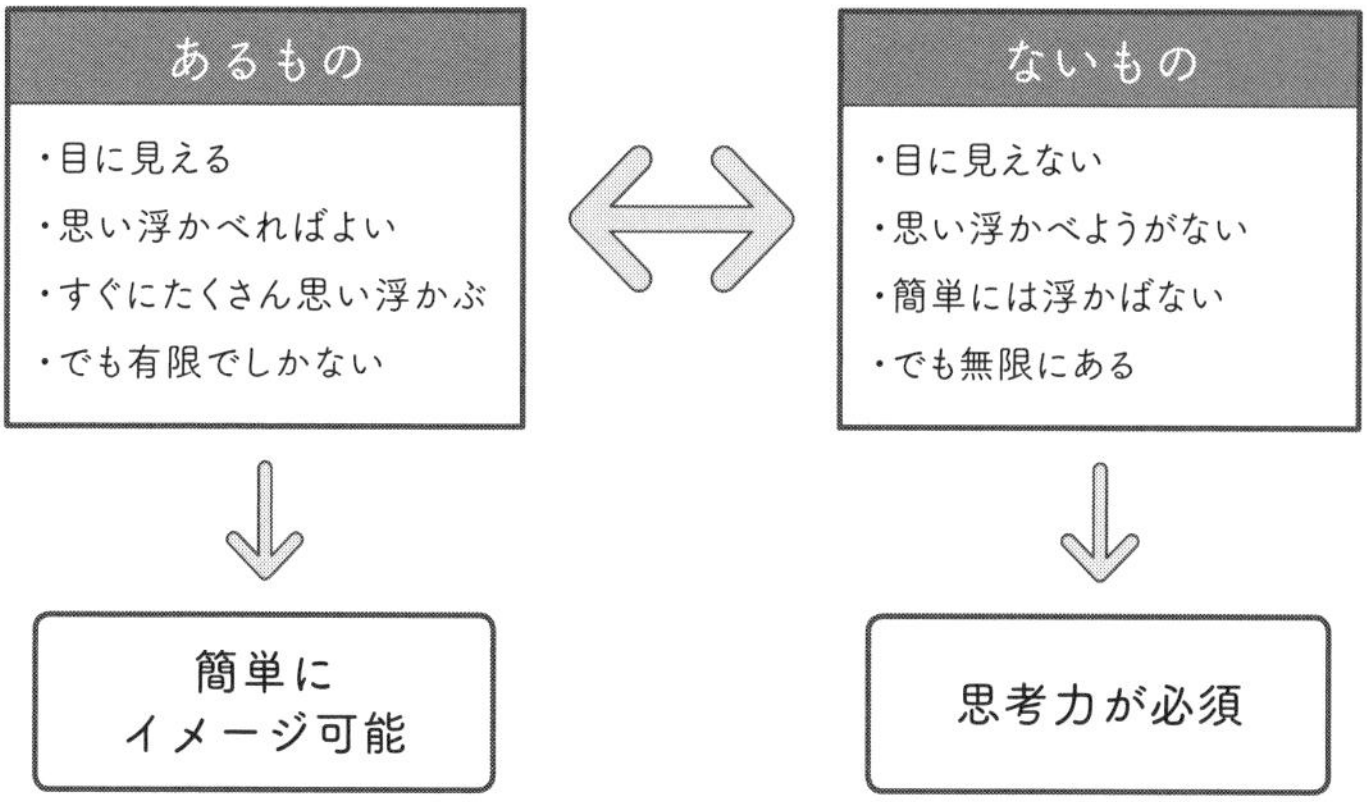
あるもの
・目に見える
・思い浮かべればよい
・すぐにたくさん思い浮かぶ
・でも有限でしかない
ないもの
・目に見えない
・思い浮かべようがない
・簡単には浮かばない
・でも無限にある
簡単に
イメージ可能
思考力が必須

た人もいるかもしれません。

いずれにしても「今ないもの」を挙げるためには、何らかの「視点」を出すとか、「単に思い浮かべる」のとは違う頭の使い方が求められることがわかるでしょう。

また、思考のベースには、やはり知識があるというのも改めて認識できるのではないでしょうか。

何もない状況からそこに夢を描ける。これこそが人間だけに許された特権といえるでしょう。知識というのは、基本的に「今あるもの」の集大成です。

AIの進歩によって、人間の知性を超えることも近い将来やってくるかもしれませんが、その場合でも、最後の最後まで残るのが、このような想像力ということになるでしょう。

ここで改めて「2つの問題」に対しての頭の使い方の違いを整理しておきましょう。これらはまさに「知識型」の頭の使い方と「思考型」の頭の使い方の違いであることは容易に想像がつくでしょう。

★「あるもの」の発想は人によって変わらない(家の光景を思い浮かべて順番に歩いていく)が、「ないもの」の発想は人によって異なる

★「あるもの」はすぐにたくさん出てくるが有限である

これを別の図の形で表現してみます。

一般に「あるもの」と「ないもの」というのは、対等な「反意語」のような形で捉えられがち(図表37)ですが、実際には「あるもの」は有限ですが、「ないもの」は無限です。先の問題を考えたときにも、考えれば考えるほど「家にないもの」というのは、数限りなく存在していることに気づいていくでしょう。たとえば、

・目に見えないもの(精神的なものや概念など)

・そもそもいま世の中に存在していないもの

・(SFに出てくるような)未来のもの

まで考えれば、文字通り可能性は無限です。

ただし、普段の知識の世界で生きている限りは、このような世界観にはならないのではないでしょうか? あるいは、そのような可能性を聞いて、「そこまで広げていいとは思わな

図表37　「ないもの」は無限にある

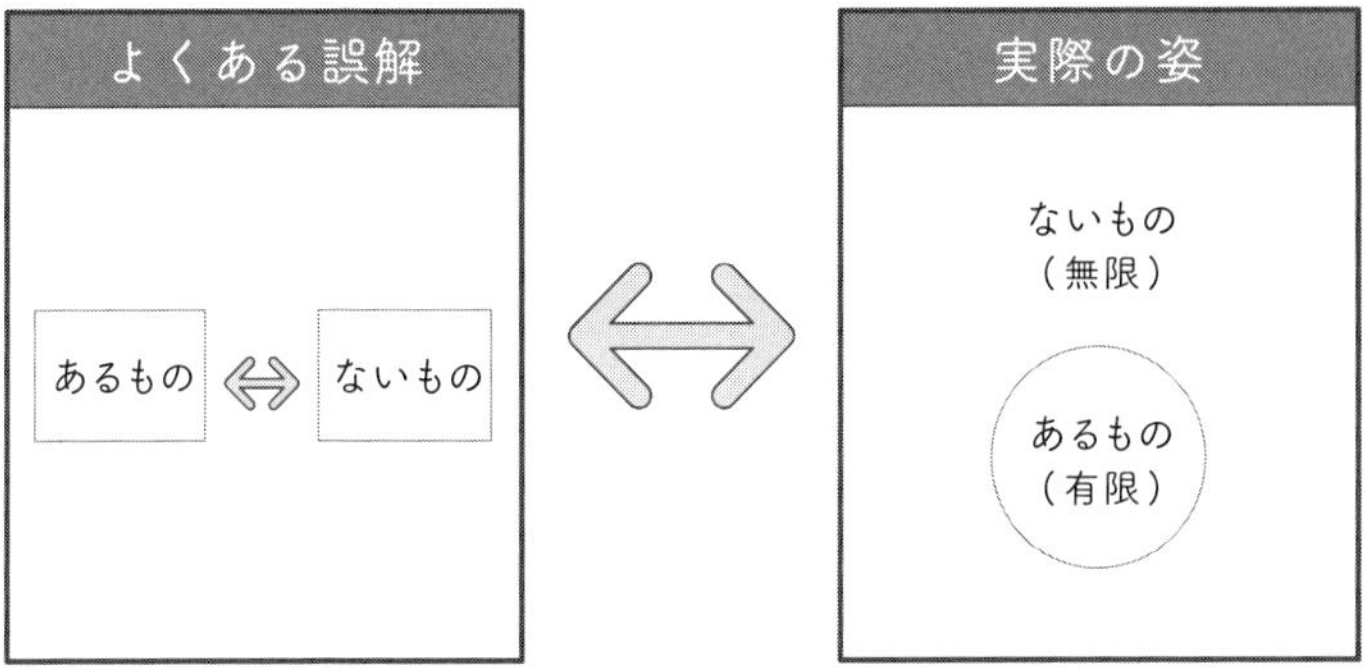

かった」とか「そんなのはずるい」とかと思わなかったでしょうか？

それがまさに「思い込みにとらわれている」状態です。

ここで挙げた「あるもの」と「ないもの」との関係は「知っていること」と「知らないこと」の関係や「同じこと」と「違うこと」との関係にも当てはまります。

当然、後者に思いを及ぼすのが考えることということになります。

ここからさらに、具体的なアイデアを出すプロセスの違いも明確にしていきましょう。

本書で繰り返し登場する「知識型」と「思考型」の頭の使い方の違いになります。

ここでいう「あるもの」を抽出するときの頭の使い方というのは、「イメージしたものを列挙する」という形で具体的にイメージでき

図表38 「知識型」と「思考型」の頭の使い方の違い

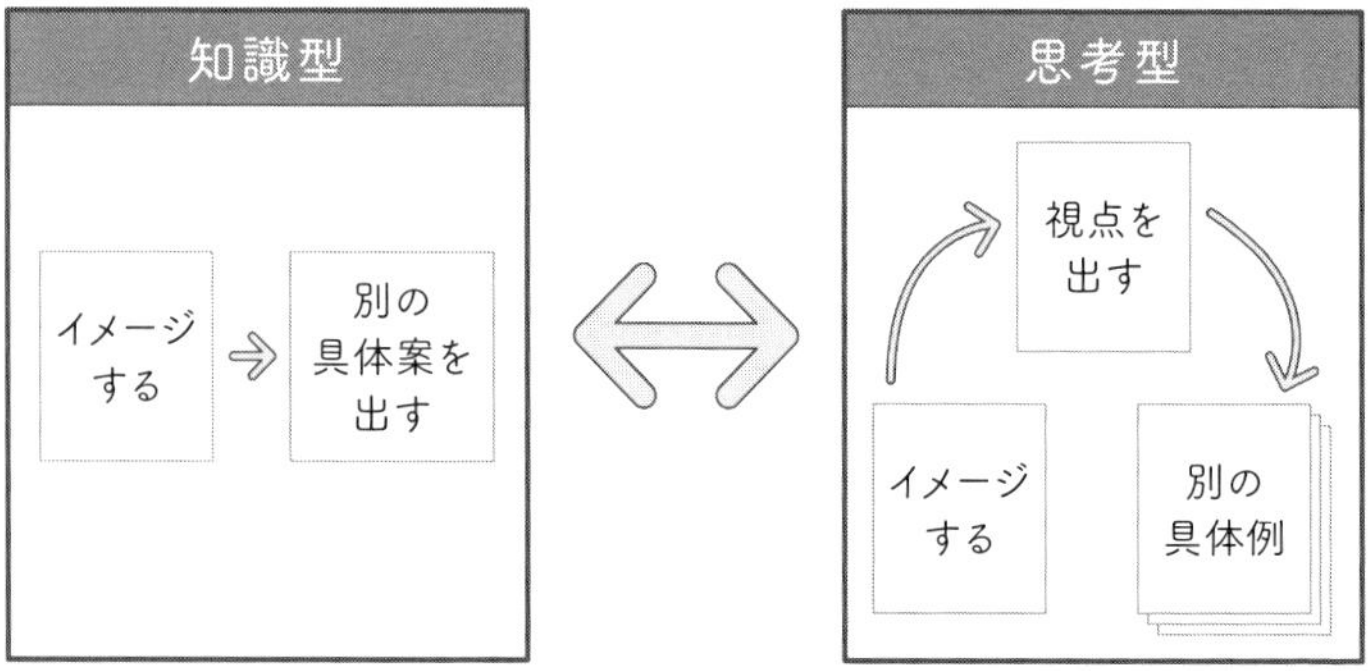

るものをそのまま出すというものです。

対して、「ないもの」を出そうとすると、「今家にあるもの」の反対を出す（家に入るものに対して「入らないほど大きいもの」とか、「買えないほど高いもの」とかといった具合です）という形で、直接イメージできないものは何らかの視点を出すことが求められます。そのようにして出た視点から、さらにそれを具体化して個別のアイデアとするのが「ないもの」を出すための思考に求められることです。

知識型と思考型の頭の使い方のイメージが、この演習を通じて共有することができましたか？　これから解説していく頭の使い方の違いにおいても、しばしばこのような構図が登場しますが、これがまさに「考える」ことの基本動作として重要だからなのです。

練習問題　15

「あるもの」と「ないもの」の異なる思考回路の実践の定着化のためのトレーニングです。今までに「読んだことのある本」と「読んだことのない本」をそれぞれ一分間ずつでリストアップしてみましょう。
読んだことのない本については「存在しているがまだ読んでいない本」のみならず、「そもそも今存在していない本」をどこまで出せるかに挑戦してみましょう。

読んだことのある本

読んだことのない本

手段と目的

手段はわかりやすく、目に見えやすいが、「その先」にある目的は見えづらい、したがってよくある「**手段の目的化**」が起こります。

目的というのは目に見えないので、見えている人（あるいは見ようとしている人）にしか見えませんが、手段は誰にでもわかりやすい形で存在しています。

★会議は何かの意思決定や情報共有のためにやっていたのに、それをやること自体が目的化してしまう

★予算は何かを達成するためのものだったのに、いつの間にか予算を取ること（とにかく消化すること）が目的になってしまう

★自動化による機械やＩＣＴの導入は効率化とか顧客の理解とか、上位の目的のためにやっていたはずなのに、それがいつの間にか目的化してしまう

★人間が幸せに暮らせるように制定されたはずの法律や規則がいつの間にかそれによって人が縛られてしまう

……とこんな例はいくらでも出てきます。

「手段の目的化」は思考停止の証拠

「手段の目的化」の重要な背景の1つが「思考停止」です。

手段は目に見えやすいが目的は目に見えにくく忘れられやすいので、このような「本末転倒」が後を絶たないのです。

このような事態の改善のために「上位目的を意識する」というのは202ページから後述します。

練習問題 16

次の項目のどこが「手段の目的化」になっているか考えてみましょう。

◎学費を稼ぐために寝ないでバイトして講義に出られない学生

◎売上達成のために他事業部に情報を流さない事業部制度

◎予算獲得に血眼になる役所

◎「とにかく当選しなければ何も始まらない」という政治活動

「やること」と「やらないこと」

私たちは、日々様々な意思決定をしています。そこでやっていることを単純に表現してしまえば、いわば何をやって、何をやらないかを判断しているということです。

ただし、実際に私たちのほとんどは「何をやるか？」についてはいつも頭に入れていますが、「何をやらないか？」については、それほど意識していないのではないでしょうか。その結果として「やることリスト」は増える一方で、常に時間が足りないという事態に陥ることがよく起こります。

このためにも必要な「戦略的に考える」ための方法の1つが「やらないこと」をまず決めてしまうというものです。

これなども「見えにくいこと」に目を向けることの重要性を物語っていると言えます。

また同様に、何かをやるときに「やることによるリスク」はよく考えられますが、「やらないことによるリスク」を考えることはあまりやられていません。

たとえば、転職や起業、あるいは海外移住などのように新しく未知のことに挑戦する場合には、未知である分、やった場合のリスクについては比較的多数挙がるので「やはり少し様子を見よう」という結論が出がちです。

現状維持のリスクについて、考える人は少ない

しかし、実は「現状維持することのリスク」（つまり挑戦しないリスク）というのを考えると、実はそちらの方が大きいために一見無謀に見えるようなことも理にかなっているといった結論が出ることもあるのです。

「見えるもの」に目が行きがちな私たちの心理的バイアスを矯正するヒントが、ここにもあります。

練習問題 17

1. 自分がやらないこと、大事にしていないことのリストを作ってみましょう。

2. 新しくやろうとしていること、特にリスクが大きそうに見えること（投資、転職、海外移住等）について「やるリスク」と「やらないリスク」を両方挙げてみましょう。
（これは何かを決断する時にやってみると踏ん切りがつけられますので、是非お試しください……会社を辞める決断をしたいときとか）

個別の事象とそれらの「つながり」

次に挙げる「見えるもの」とは、1つひとつの個別の事実や対象物、たとえば人間や会社や物体のことです。

それに対して、「見えないもの」というのは、それらの「つながり」のことです。「つながり」というのは、関係性といってもいいでしょう。

たとえば、原因と結果の関係である「因果関係」というのがその典型的なものです。

これらの「つながり」というのは、鎖のように実際に目に見えるわけではありません。あくまでも頭の中で人間が紐づけているものであり、この紐づけによって人間は様々な法則を見出したり、あるいは、先を読んだりすることで科学技術や精神的な豊かさを発展させてきたのです。

具体的なつながりの例については、さらに次項で1つずつ解説していくことにしましょう。

考えるとは「つなげる」こと

ここまで述べてきたように「考える」とは「見えない世界」に思いを及ぼすことでした。このような関係性を見つけるという点で見ると、さらに考えることの他の側面が見えてきます。

つまり、考えている人（関係が見えている人）と考えていない人（関係が見えていない人）との違いは、このような「目に見えないつながり」が見えているかどうかです。

ここで「つながり」とは何か、これまでにお話ししてきたものも含めて、その代表例を挙げてみましょう。

- 原因と結果をつなぐ（因果関係）
- 部分と全体をつなぐ（全体俯瞰）
- 手段と目的をつなぐ（手段と目的の関係）
- 現在と未来をつなぐ（未来予測）
- 現在と過去をつなぐ（因果関係）
- 具体と抽象をつなぐ（具体化と抽象化……第6章で詳述）

・主観と客観をつなぐ（メタ認知）
・自分の世界と相手の世界をつなぐ（他者の視点で考える）

これら「AとBをつなぐ」という言葉の共通点ですが、各々の「A」と「B」に相当する言葉は、いずれも対等ではありません。

片方が「今・すぐ・ここに」ある具体的な色合いが強いのに対して、もう一方は「将来、あるいは過去の目に見えない大きなもの」であることです。

これは先に挙げた「見えるものと見えないものとの関係」によく似ています。

要は考えていない、知識や経験だけの「目に見える」世界が前半のAで、考えることで見えてくる「目に見えない」世界が後半のBという関係になります。

先に述べた心理的な認知バイアスを除去することの意味合いがここにもあります。

意識していないとAの影響を強く受けることでかかるバイアスを、Bを意識することで克服する必要があるということです。

考えるとは「向こうから見る」こと

「神武以来の天才」と言われ、２０１７年6月に引退を表明した将棋の加藤一二三元名人は、対局中に相手の背後に立って盤面を見る癖がありました。

まさに「相手の視点で考える」ということなのでしょう。

プロ棋士であれば、実際の駒を使わなくても頭の中でシミュレーションすることも可能なはずです。

しかし、それでも敢えて物理的にこうすることで、文字通り相手の立場に立ってみることで初めて本当の意味で相手視点が意識できるという点に、相手目線で考えてみることの難しさがにじみ出ていると言えます。

この発想、「考える」ことの原点を示しています。

思考のバイアスをはじめ本書で何度も繰り返している通り、考えることの原点に「**自分中心の思考から抜け出すこと**」がありますが、これは「文字通り」相手目線で考えることのいい実践方法です。

図表39　自分中心の視点から抜け出せるか？

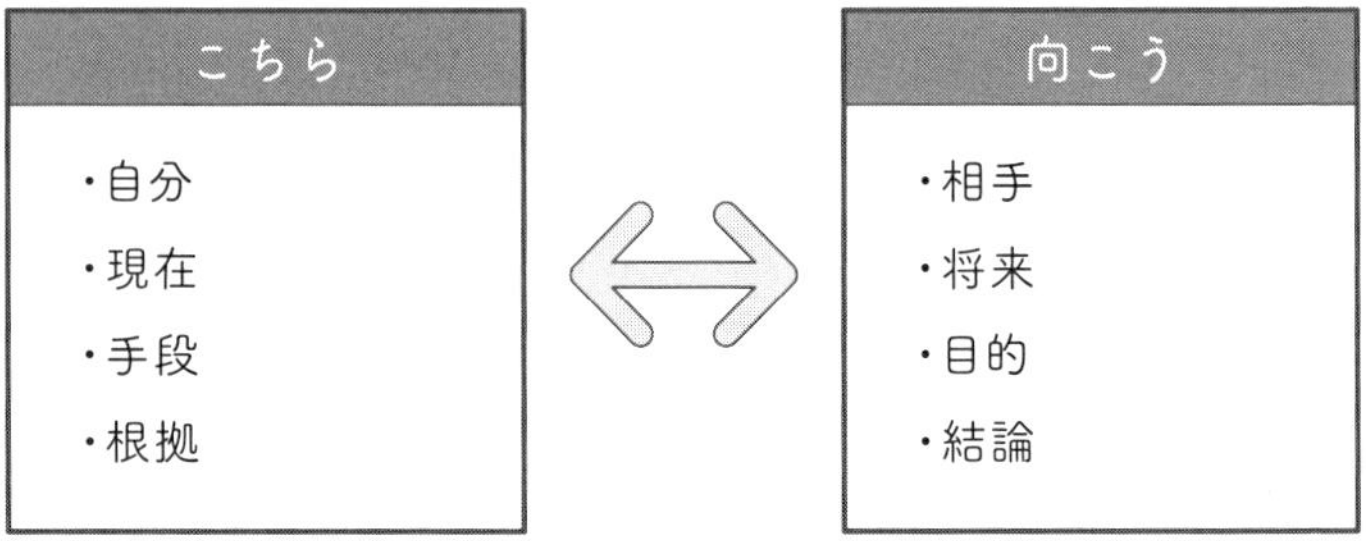

要するに、自分から「**幽体離脱**」して「**向こうから自分を見てみる**」ことです。

「向こう」というのは空間的に考えれば、先の例のように「相手視点で」とか「最終目的地から」とかになりますが、時間で考えれば「将来から」になります。

また、論理の流れという観点から言えば「結論から」とも言えます。

これらを図表39にまとめます。

「自分視点から」でなく「相手視点から」
「現在から」でなく「将来から」
「手段から」でなく「目的から」
「根拠から」でなく「結論から」

考えたり話したりするのが、考えることにつながっていきます。

言い換えると、図表39の左側は人間が自然に行動するとそうなるという思考回路で、右側が「敢えて意識しないと」そうならないという思考回路です。

本書で繰り返しお話ししているように、考えるとは、人間が本来持っている「思考の癖」から逃れることを意味します。

ですから、ここでお話ししている「左から右」、あるいは「こちらから向こう」という視点の転換も、そのような思考の癖の矯正の1つの例と言うことができるでしょう。

こちらからの視点だけで一方的に話していないか？

営業担当者の営業トークやプレゼンテーションの場であまりに良くあるパターンが、「自社の製品がいかにすごいか？」、あるいは「自分のアイデアがいかにすばらしいか？」の主張に終始してしまうことです。

そうではなく、「聞き手は何を聞きたいのか？」、あるいは「それが相手にとってどういう意味を持つのか？」という点が欠落してしまうというのが、典型的な「こちらから」考えている発想です。

自社の製品の仕様が、競合他社とどのように違っているかを延々と説明した挙句に、顧客である聞き手の方から「で、結局何がいいたいの？」等という台詞を引き出してしまう、

図表40　「考える人」は相手の視点に立てる

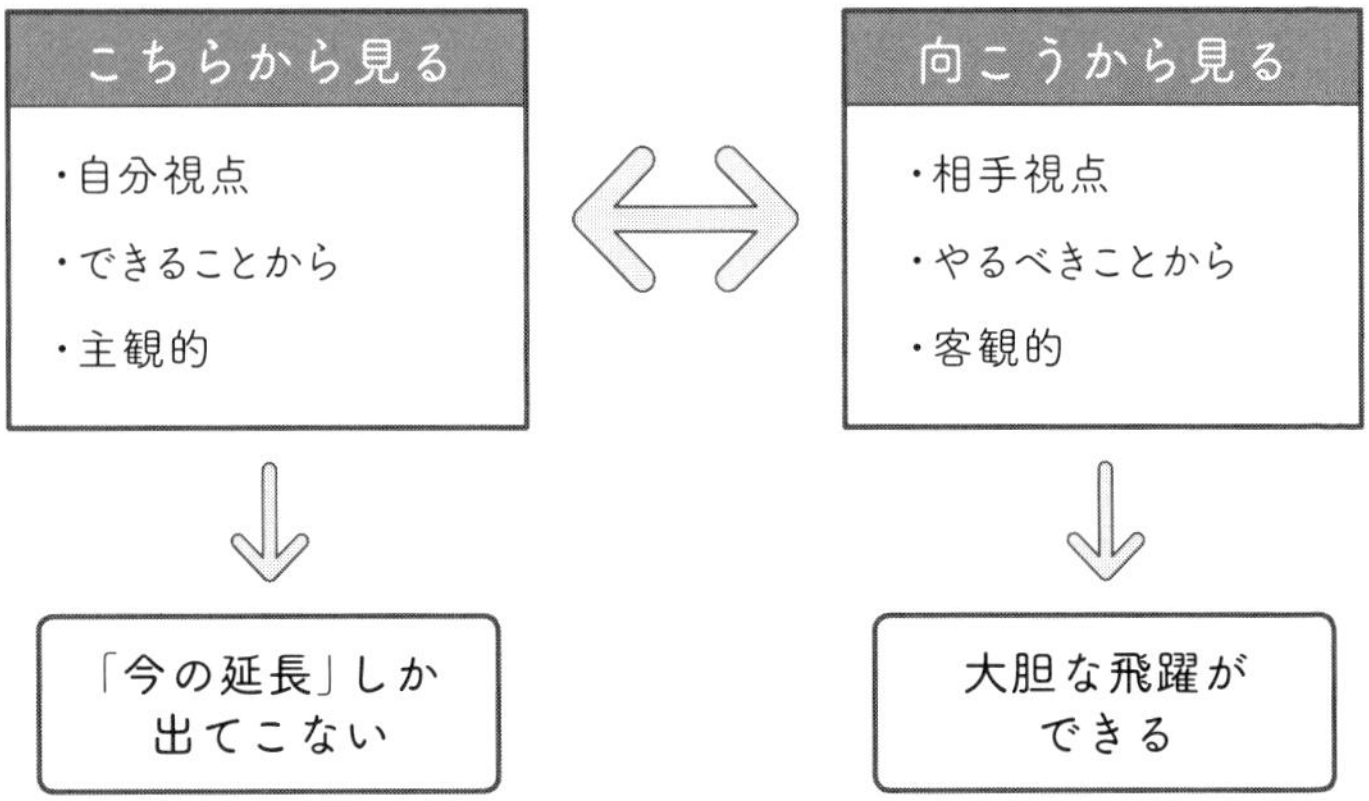
こちらから見る
・自分視点
・できることから
・主観的
「今の延長」しか出てこない
向こうから見る
・相手視点
・やるべきことから
・客観的
大胆な飛躍ができる

これがまさに「こちらから」の発想の典型例です。

このように「向こうから見る」というのは、非常に応用範囲の広い考え方なのです。

「こちらから見る」のと「向こうから見る」の思考回路の比較を図表40に示しましょう。

自分視点のバイアスから完全に逃れることは不可能ですが、このように様々な視点を用いて「向こうから」見てみる癖をつけるのは、思考停止から抜け出す上で非常に重要な考え方です。

練習問題 18

自分の上司から自分がどう見えているか、あるいは逆に自分の部下から自分がどう見えているかを「盤面の向こう側に立って」改めて考えてみましょう。

上司や部下がいない方は、配偶者や恋人や兄弟から、あるいは親子間で、友人間で等、親しい人にとって、自分がどう見えているかを改めて考えてみてください。

考えるとは「飛躍がない」こと

【思いつきで行動するAくんとその上司Bさんとの会話】

B：「おーい、Aくん。どうして先月までずっと売上が落ち込んでるこの製品、来月5％伸びると思うの？」

A：「いや、そろそろ上がるころかなと思って」

B：「その気持ちもわかるけど、でも、それってただの君の直感でしょ？　なんでそう思ったの？」

A：「そう言われればそうですけど、でも『なんで？』って言われても困るんですよね。所詮未来のことですからデータがあるわけじゃないし……」

考えている人と考えていない人の違い、その1つが「ものごとの理由を考えているか」どうかです。「理由付けをする」ことです。

冒頭の会話のように、「思いつきで」行動する人というのは、個々の行動に理由がありません。もちろん、本人なりの何らかの理由があるのでしょうが、他人にはその理由がよくわかりません。

もちろん「思いつき」というぐらいですから、「何も思いつかない」よりは、はるかに良さそうではありますが、この言葉は、なぜか否定的な文脈で用いられることの方が多いと思います。

否定的な文脈とは、「あの人は思いつきで発言するから前後の一貫性がない」とか「思いつきだけで行動されると周りが振り回される」といったようなものではないでしょうか。

これは何が問題なのでしょうか?

思慮深い人の発言は、「すべてがつながっている」

ここで言う「一貫性がない」というのは、1つひとつの言動につながりがないことを意味しています。

つまり、思いつきでなく「思慮深く」考えた言動をする人というのは、「すべてがつながっている」のです。

これは「論理的である」ことと同義とも言えます。

論理的であるというのは、「誰にとっても話がつながっている」ことであると、本書では定義します。

図表41　「考える人」の話はつながっている

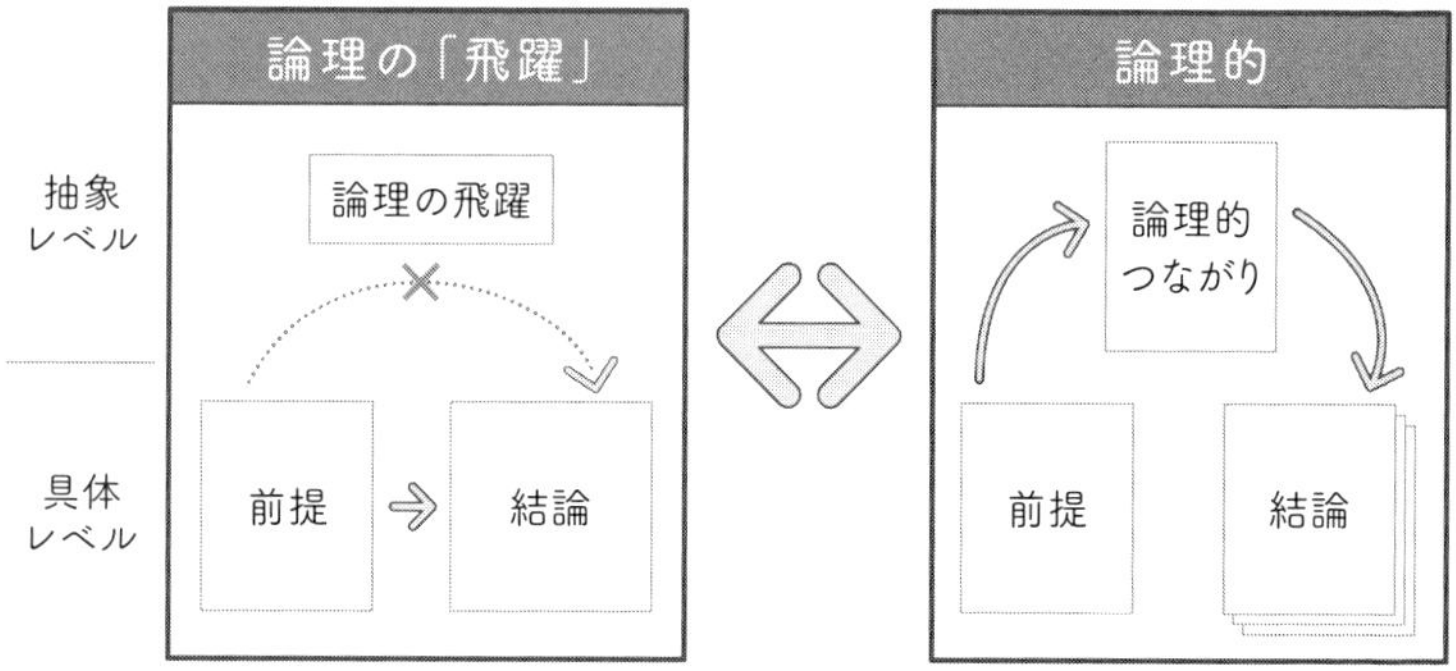

「誰にとっても」というのは、これまで述べてきたように主観の反対の客観で、概ね論理的であるというのは、本人ではなく「すべての他人にとって」話がつながっていなければいけないのです。

ここでまた例によって「思いつき」（＝つながっていない＝飛躍している）と「論理的」（＝つながっている）の違いを比較で見てみましょう。

ここでは、この後もしばしば同様の関係が登場する模式図によって違いを示します（図表41参照）。

左右の図の左下は目に見える、あるいは表面化している具体的な発言や行動です。「論理的につながっている」とは、目に見えないレベルでの「関係性」が存在しているということです。

このような事象と事象の関係性を、人間は様々な形で見出すことができます。

たとえば、天気予報に反して急に雨が降り出すとコンビニのビニール傘が売れるとか、国の情勢が不安定になると、その国の通貨の為替レートが下がるとか、Aが起きるとBが起きる（可能性が高い）というのが「因果関係」という関係性の例の1つです。

このような因果関係も、先にお話しした「抽象化」（図中の上に登る）によって、数々の事象の観察から法則が出来上がるのも「考える」ことの産物です。

さらに、その法則から次に起きることが予測できるのは、図で言う「下に降りる」具体化に相当します。

このように、論理的に考えることも本書で述べてきた基本動作の1つの応用であることが、おわかりいただけるでしょう。

「複数の具体的な事象から目に見えない一般法則を導き出し、そこからまた複数の具体的事象を予測する」ことが、考えることの基本です。

前半部分は「**帰納的推論**」、後半部分は「**演繹的推論**」と呼ばれることもあります。

考えるとは「なぜ?と問う」こと

図表42　「なぜ?(Why)」は思考のための疑問詞

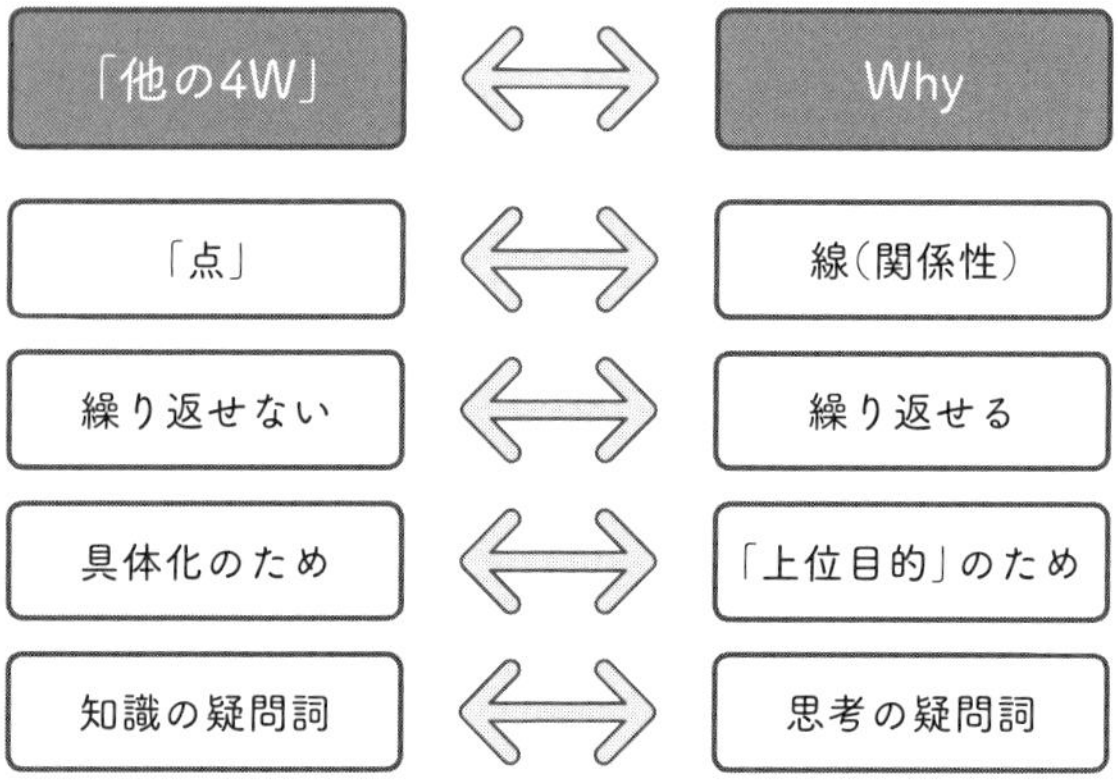

「他の4W」
Why
「点」
線(関係性)
繰り返せない
繰り返せる
具体化のため
「上位目的」のため
知識の疑問詞
思考の疑問詞

「見えないものをつなげる」ための重要な合言葉の1つが「なぜ?」という問いかけです。実は、この「なぜ?」という言葉、他の疑問詞である「何?」「どこ?」「誰?」「いつ?」といった、いわゆる「5W」とくくられる他の疑問詞と決定的に違う特徴を持っています。

端的に言えば、「なぜ?」(=Why)が思考のための疑問詞で、他の4W(What, Where, Who, When)は、知識のための疑問詞であるというのがそのシンプルな違いです。

これらの疑問詞の違いを図表42に示します。

「目には見えない関係性」を見つけるのが考えることの本質

「なぜを5回繰り返せ」というのは、トヨタ自動車をはじめとする製造業の工場現場の改善活動などでよく唱えられる言葉です。

ところが、他の疑問詞については、繰り返すことができません。

その理由も、この「なぜ?」という疑問詞の特殊性にあります。

比較表にあるように、「なぜ?」だけが「関係性」を表す疑問詞だからです。

まさに、この**「目には見えない関係性」を見つけるのが考えることの本質**です。

また、この関係性について「なぜ?」は、大きく2つの関係性を扱ったものです。

それは、過去との関係性（原因と結果の関係）と未来との関係性（手段と目的の関係）の2種類です（図表43参照）。

「なぜ?」が実践の場での用途としてよく現れるのは、日頃の行動の「上位目的」を考えるときです。

図表43　「なぜ？」と問うことで思考回路が起動する

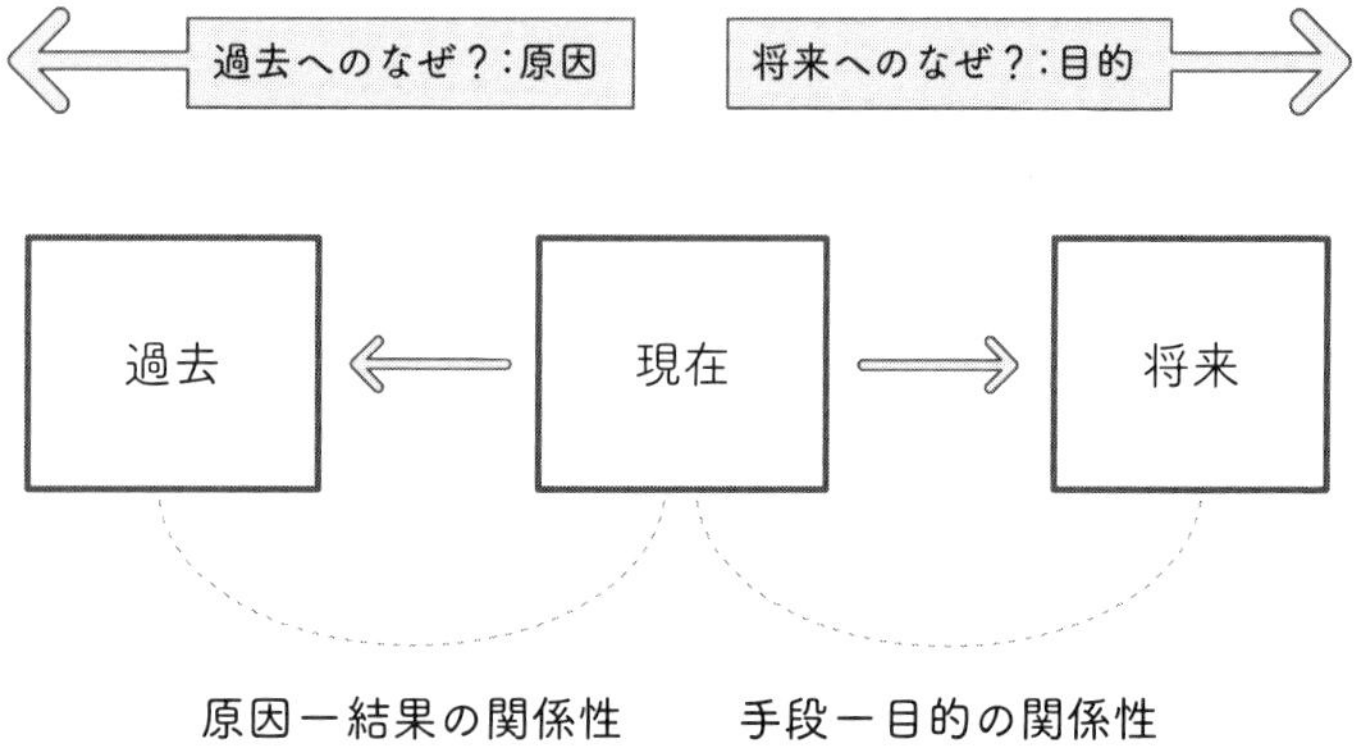

仕事での指示に対して「そのまま言われた通りにやる」のか、その指示の上位の目的を考えながらやるのとでは、大きく結果が変わってきます。

たとえば、オフィスで（でもどこでも）誰かから「あの机、部屋の外に出しておいて」と依頼されたとします。文字通り「そのまま」やるのであれば、言われた通りにその机を部屋の外に出して、それで作業は終了ということになります。

ところが、ここでその指示の「上位目的」を確認したら「明日の来客に備えるため」であることがわかったとしましょう。そうなれば、他にも部屋の外に出すべきものや逆に他の部屋から持ってくるものにも気づくかもしれません。

そうすれば、

図表44　常に上位目的を考える

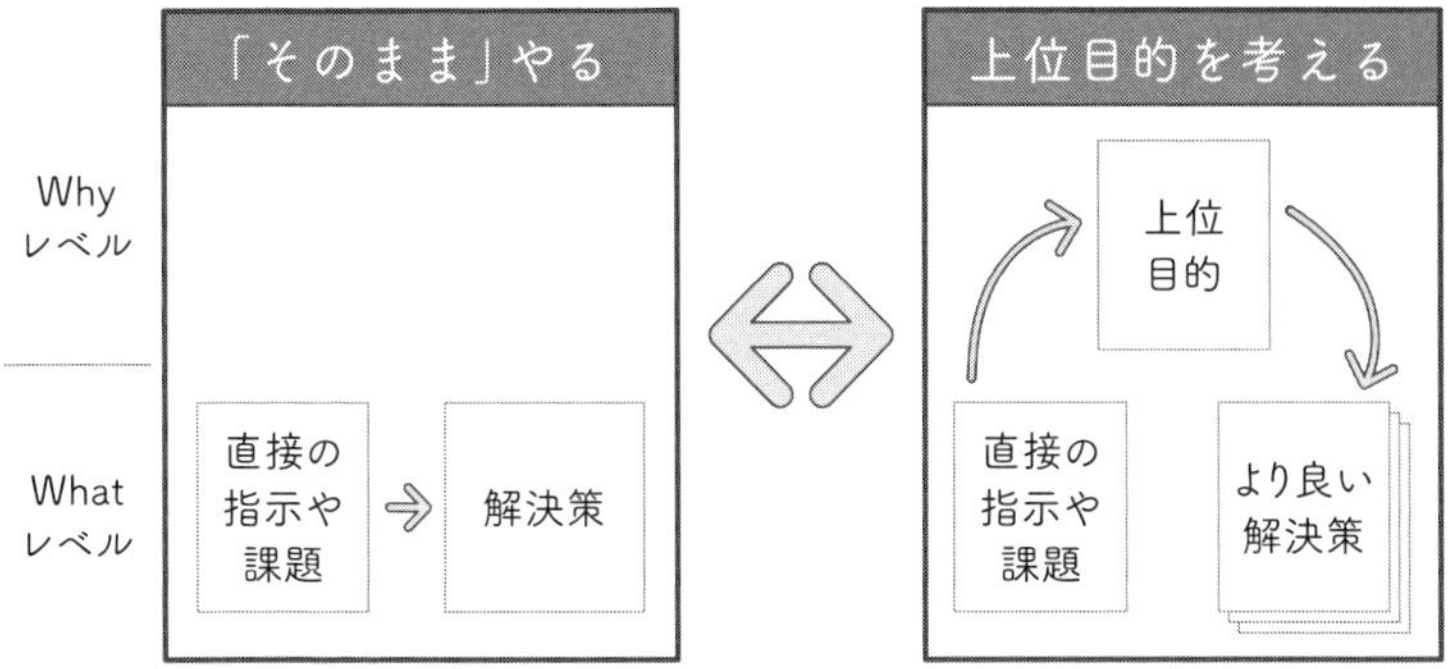

・他にもやることがあることに「言われなくても」気づける
・もしかすると机は外に出さない方がよいかもしれない

といった発見があり、他にもやるべきことをこちらから能動的に提案できるかもしれません。

「単にそのまま」言われた通りにやるのと、上位目的（＝なぜ？）を考えて先に進むのとでは、大きな違いにつながることがおわかりいただけたと思います。

このように**「なぜ？」は、自分の頭で考えるためには重要なキーワード**と言えます。小さな子供でも知っている（むしろ子供の方が得意な）「なぜ？」ですが、それをどこまで使いこなせるかで思考能力が大きく変わってくると言えるのです。

「上から見る」ことで部分と全体をつなげる

繰り返しになりますが、「考える」ことを語る上で、全体俯瞰の視点（メタの視点）は欠かせません。

思い込みを脱し、自分中心の視点から抜け出し、事実を偏見なしに見ることは新しい創造をする上でも必須です。

そのためには（あくまでも自然だと思って）自分が見ているものは、所詮部分でしかないことを常に意識して「幽体離脱した」視点から自分のおかれた状況を客観的に見ること、そのための思考法についてここからお話しいたしましょう。

まずは、自分を客観的に見ること、そしてそのために「上空に幽体離脱して大きな全体像を俯瞰する」ということが重要です。

次の図表45をご覧ください。この図表にあるように、私たちが物事を見るときの視点は、大きく2つと考えることができます。

1つは「地上レベル」での自分視点、もう1つが「幽体離脱したもう一人の自分」が持つ上空からの視点です。

図表45 「全体俯瞰」の視点が重要

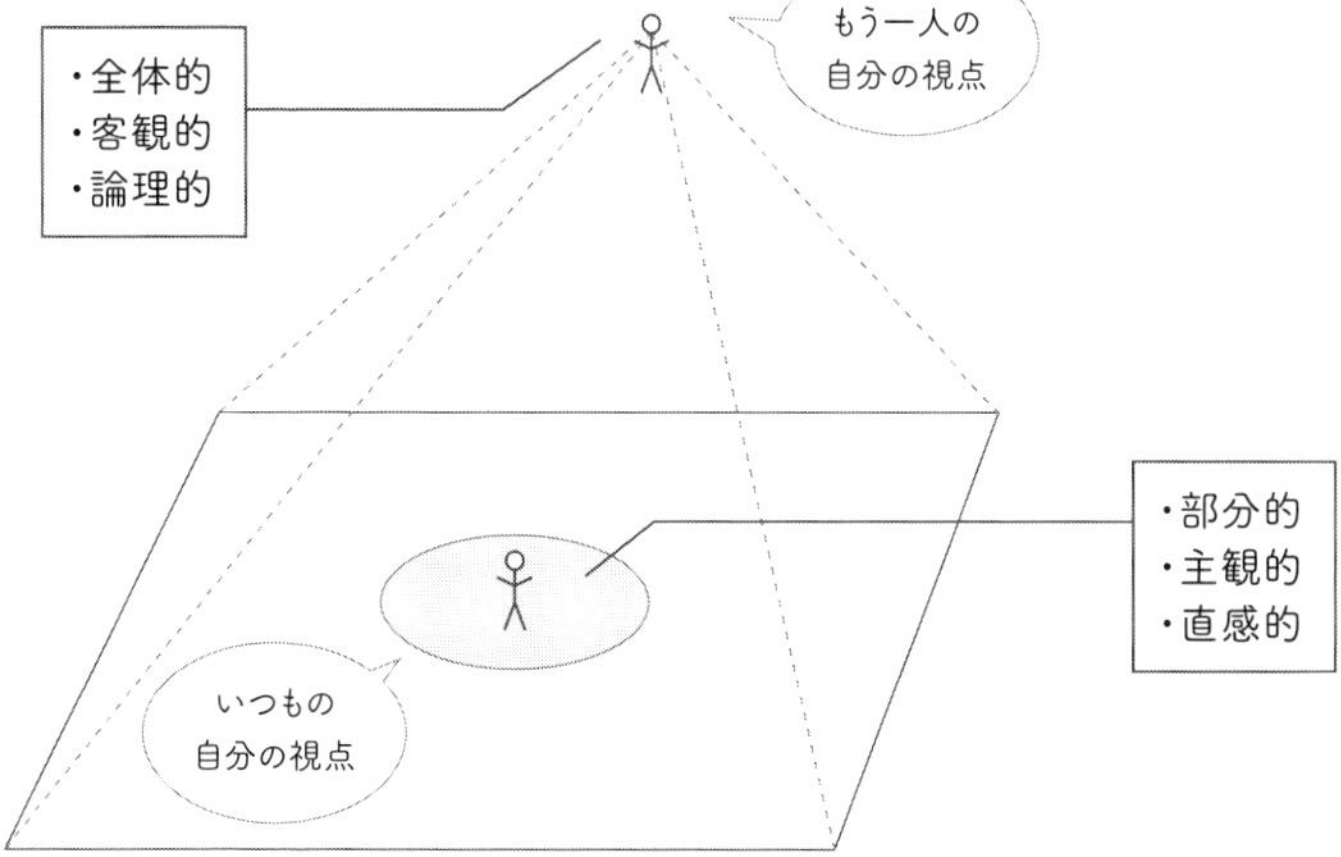

具体的にどのように違うのか、例を挙げましょう。

たとえば、誰かに特定の場所を教えるとき（仮に最寄りの駅からどこかのレストランとしましょう）に、自分が駅から歩いていくことをシミュレーションして、「改札を抜けた」視点で説明をする人と、あたかも地図をなぞるように、上空からの視点で説明する人がいるのではないかと思います（もちろんこれらを組み合わせることも可能です）。

地上視点のメリットは、具体的でわかりやすい（具体的なイメージで話すので）ことです。半面、話し手と聞き手のイメージが共有できない場合にとんでもない思い違いをしてしまう可能性があります。

たとえば、仮に左右を間違えたりしても、そのことにお互いに気づくことは難しいで

図表46　「地上の視点」と「上空の視点」の違い

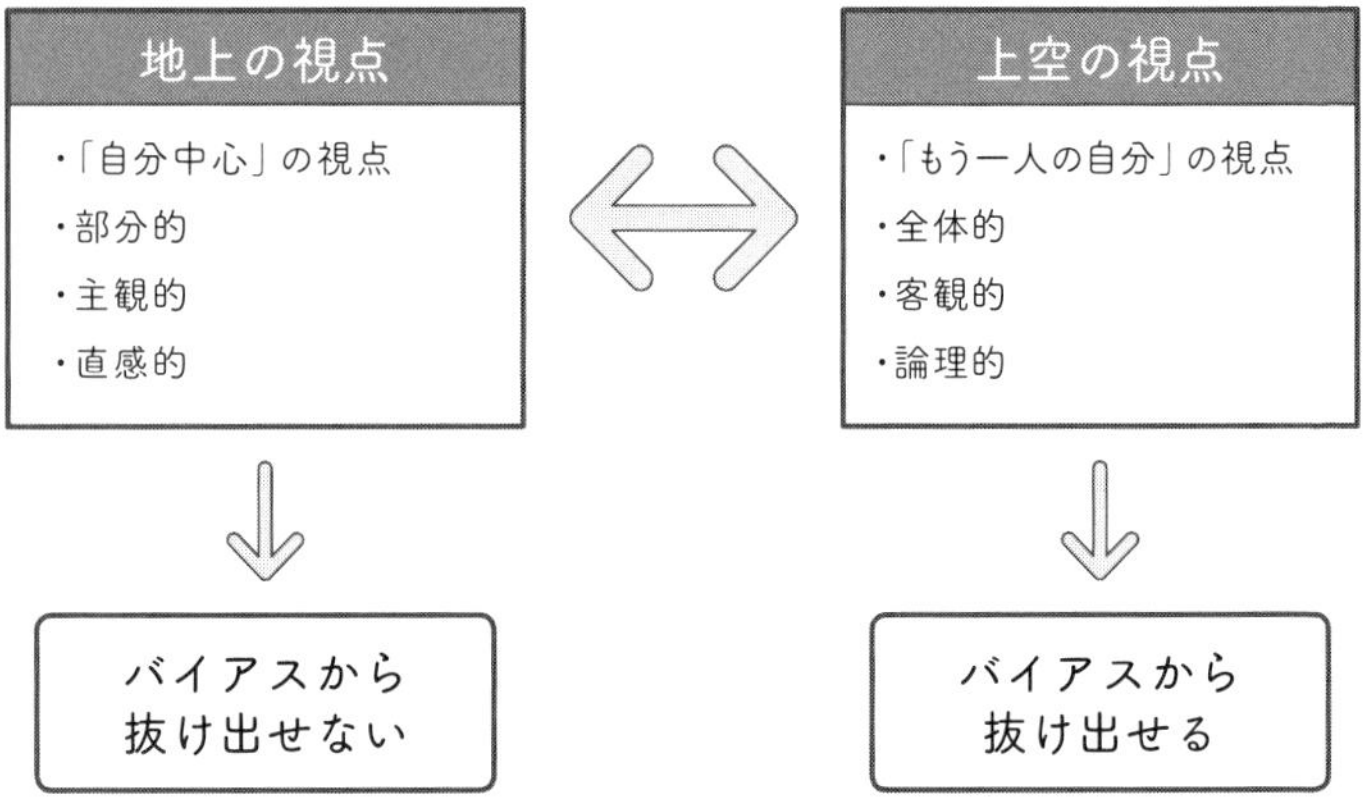

しょう。

　これに対して上空からの視点は、今ひとつ「リアル感に欠ける」（イメージしにくいので）ものの、大きな間違いが起こりにくいとも言えるでしょう。

　具体的な説明の言葉の違いで言うと、前者は「左右」という言葉で説明が進むのに対して、後者は「東西南北」という言葉での説明になるでしょう。これらの違いは、どこにあるのでしょうか？

「左右」というのは、見る人の視点によって様々に変化します（向かい合っている人同士の左右は正反対になりますね）が、東西南北といったら、誰が聞いても同じ向きを指します。

　これが主観と客観の違いです。よくも悪くも主観はリアリティがあるものの、誤解が生じやすい、客観はリアリティには欠けるものの誤解が少ない視点と言えます。

つまり客観的であることは、前述したような個人が持っている主観的な視点の偏り＝心理的なバイアスから抜け出すことを可能にするのです。

「考える」とは、もう一人の自分の視点を持つこと

考えることの1つの側面は、**「もう一人の自分を持つ」ことによって俯瞰的な視点から偏りを矯正する**ことなのです。

主観的な「地上の視点」は意識しなくても誰もが自然に持てる視点ですが、「上空の視点」は敢えて意識しないと持てない視点です。ここに考えることの意味が出てくるのです。

図表47　「自分視点」か「全体俯瞰」かのチェックリスト

A	B
・時間内に完成しなかった	・完成した
・図が大き（小さ）すぎ	・ちょうど収まった
・駅が紙の中央	・駅が紙の端
・「駅→家を順番に説明」	・「まずは全体説明」
・駅に降りて歩き始めた	・上空から眺めた
・「右・左」	・「東西南北」

練習問題　19

A4またはB5サイズの白紙を用意して、最寄りの駅から自分の家までの地図を3分の説明で誰かに描いてもらいましょう。

◎説明は口頭のみのコミュニケーション
◎描いている途中の地図が見えないようにする
◎駅が何線のどの駅かは言わない

3分後に、図表47のチェックリストで相手がどのように描いたかをチェックしてみてください。

チェックリストの左側は「自分視点」、右側は「全体俯瞰」の視点で地図を描いた場合の実際に起きる状況です。改めて自分の思考回路をチェックし、もう一度やるとしたらどうすべきかを考えてみましょう。

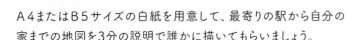

考えるとは「全体を見る」こと

図表48　「部分」を「全体」と勘違いしない

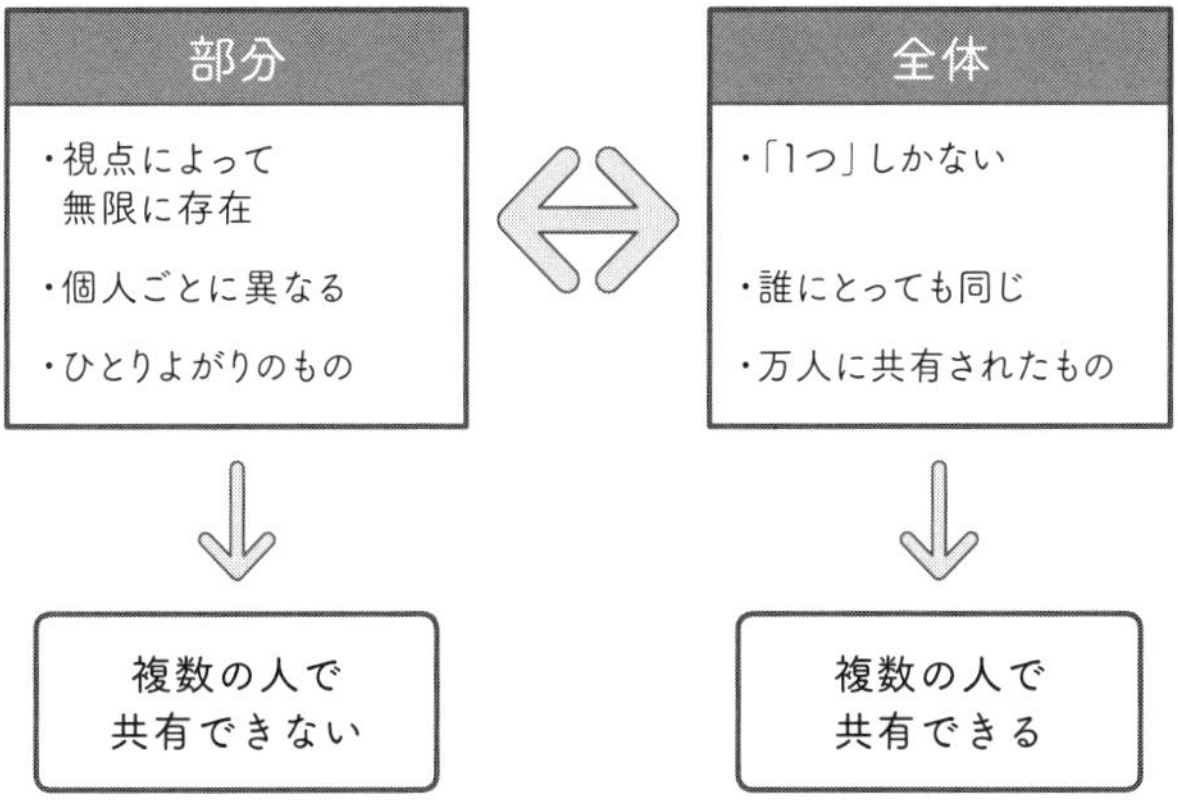
部分
・視点によって無限に存在
・個人ごとに異なる
・ひとりよがりのもの
全体
・「1つ」しかない
・誰にとっても同じ
・万人に共有されたもの
複数の人で共有できない
複数の人で共有できる

前項の「上から見る」という視点は、言い方を変えると「全体を見る」ことです。全体に対しては、部分ということになるわけですが、ここでもまた「部分」と「全体」で何が違うのか、その違いを考えてみましょう。例によって図表48をご覧ください。

簡単に「全体」といいますが、本当の意味での絶対的な「全体」などというのは存在しません。

何かの「全体像」といっても、それは必ずある前提をつけた上での全体像ということになります。

たとえば、ある会社の全体像を描こうと

思っても、それは数字の上での全体像なのか、人や組織も含めた全体像なのか、ましてやその会社の「見えない部分」（どんなノウハウを有しているか等）も含めた全体像なのかによって異なります。

しかし、重要なのは、そこでいう全体像というのは誰にとっても定義が一緒である、ある範囲のことを指していることです。

逆に言えば、部分というのは、人によって定義が異なるもので、それが誤解を生じさせるもとであることです。

「他人と共有できていない『部分』を勝手に全体だと勘違いしてしまう」ことが前述のバイアスのもとになるのがここでいう問題点です。

たとえば、自分が経験してきた人生は、世の中の「ほんの一部分」でしかありません。それなのに、誰にとってもそれが一緒のものであると勘違いして「自分の成功体験」を万人に通用するものであると語ってしまうのが、この「部分が全体である」ことの勘違いです。

このような場合には、先の「場所の説明」における全体地図のように、「自分が話している全体像はこの範囲である」ことを明確にしてから話を始めることです。

それにより、誤解を最小に止めることができます。これが「全体を見る」ということなのです。

前に述べた、何かを「正しい」と断定してしまう人の思考回路がまさにこの「部分を全体だと勘違いしている」ことの典型的な例です。

自分が見てきた世界が「世界のほんの一部」であることがわかっていれば、安易に他人のやっていることを正しいとか、間違っているとかとは言えないはずです。

このような場合には、相手と自分の見ている世界が本当に同じものなのか、十分に確認することが必要になるでしょう。

第2章で紹介した「川上と川下」という視点が、まさに「部分を全体だと思ってしまうこと」で頻出する視点です。川上側の仕事や生活をしてきた人には、川下側で生きている人の世界が理解できず、逆もまた真なりです。価値観は見ている世界によって変わるものであり、自分の価値観を他人にも押し付けてしまうことが、まさに「部分を全体と勘違いする」ことなのです。

そんなときに必要なのが**「全体像を共有する」**ことなのです。

第6章

考えるとは「まとめて扱う」こと

考えるとは「共通点を探す」こと

前章では「見えないものをつなげる」ことを様々な側面から見てきました。続く本章では、考える対象としての「見えないもの」の本丸とも言える「**抽象**」と「見えるもの」としての「**具体**」のつなぎ方を解説します。

わざわざ前章の中から、この組み合わせを取り出して1つの章としているのは、考えるという行為に占める「**具体と抽象の往復**」というものの重要度が、圧倒的に高いからです。と同時に、第5章で紹介してきた様々な「見えるもの」と「見えないもの」のさらに上位概念が、この「具体と抽象」の関係であると言えるためです。

要は、他のものとは「次元が違う」ということです。

では、思考の本丸としての具体と抽象の解説を始めていきましょう。

人間の知的能力の源泉は、1つの経験を知識として積み重ねることで、それを応用させることです。

1つひとつの個別の事象に個別に対応しているだけでは、応用が利きません。

この考え方の基本にあるのは、一見複雑ですべて異なるように見える私たちの身の回り

図表49　複数の事象から共通点を見つけられるか？

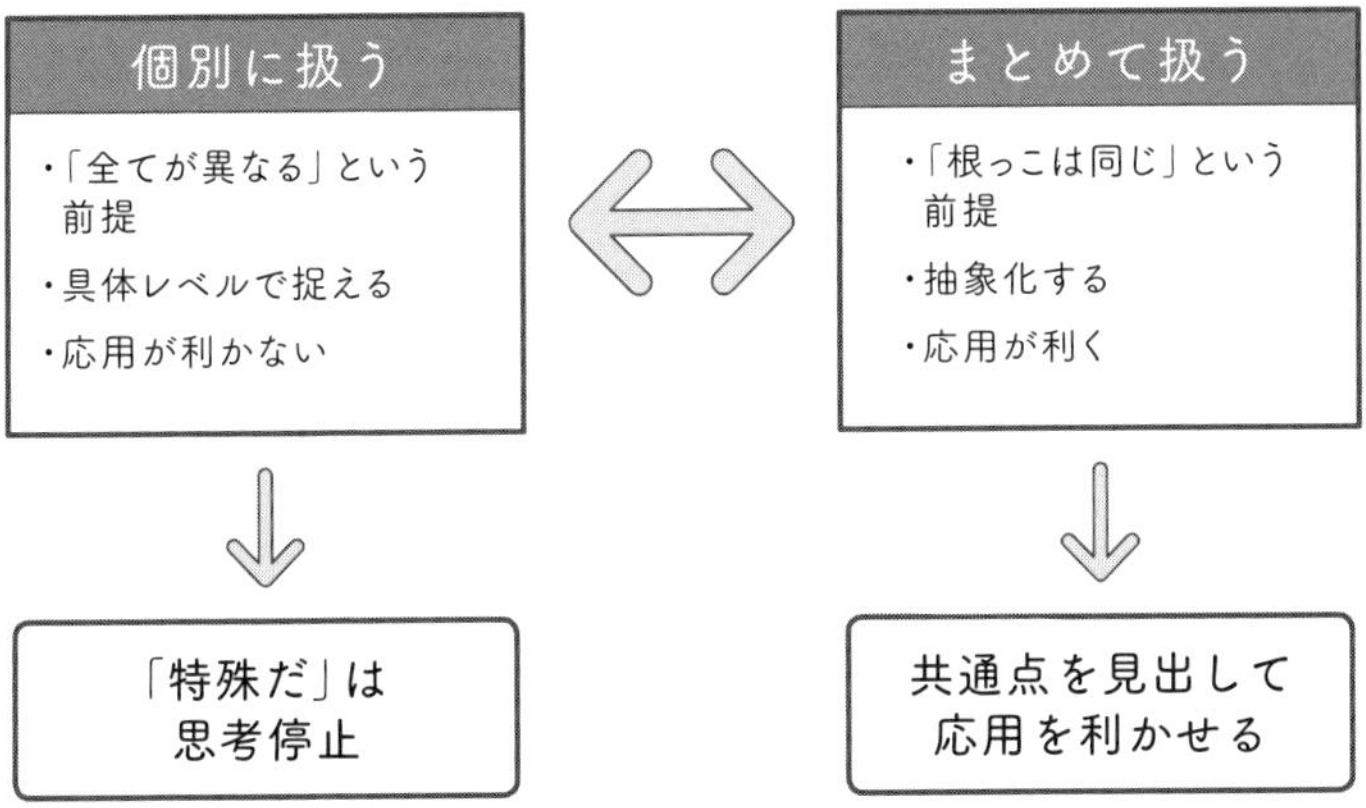
個別に扱う
・「全てが異なる」という前提
・具体レベルで捉える
・応用が利かない
まとめて扱う
・「根っこは同じ」という前提
・抽象化する
・応用が利く
「特殊だ」は
思考停止
共通点を見出して
応用を利かせる

の事象というのは、実は数少ない基本原理を基にして動いているということです。

物理現象でいえば、ニュートンの慣性の法則等の力学の法則やマックスウェルの電磁気学の法則が、それに相当しますが、同様に人間の心理でいう「自己中心的なものの見方」や「自分と他者の違い」（前述）についても同様に当てはまります。

このようなものは、対象が何であれ、あまねく当てはまるので、「同じようなこと」がどんな世界でも似たような形で起きるのです。

だからこそ、このパターンを見つけてしまえば、いちいち1つひとつのことを学ばなくても簡単に「一を聞いて十を知る」ことができるようになります。

したがって、いかにこのように「複数のものをまとめて扱えるか」が、考えることの中心にあり、どこまでそれを習得できるかが知的成長の鍵になります。

複数の異なるものをまとめて扱うというのは、私たちの身の回りの事象をパターン化して扱うことを意味します。

したがって、考えることに必要なのは、複数の事象から何らかのパターンを導き出すことです。

これが、科学的に証明されたものが「法則」です。

このように、**考えるとは「共通点を探す」**こととも言えます。

ただし、ここで言う共通点というのは、単に「見た目」の共通点ではなく「見えない」共通点のことです。

先に「見えるもの」と「見えないもの」との関係で見たように、**「見えないものを見ること」**が考えることです。したがって、このように見えない共通点を探すことも考えることの重要な要素と言えます。

ここで見える共通点と、見えない共通点とは、どのように違うのかを図表50に示します。必ずしも、白か黒かでわかれるものではないですが、「見えない」（あるいは見えにくい）共通点のイメージをつかんでもらえるでしょう。

要は、見えない共通点というのは、一見「遠く」にある本質的なもので、しばしばそれは「関係性」という形をとって表れます。見つける難易度の高い抽象的なものである

図表50　「見える共通点」と「見えない共通点」の違い

	「見える」共通点	「見えない」共通点
遠近度	「近く」	「遠く」
表層度	表層的	根本的（本質的）
関係性	属性	関係・構造
発見難易度	簡単に気づく	一見わからない
具体性	具体的	抽象的

ということです。

それでは、見えない共通点を探せると、どんな良いことがあるのでしょうか？

まずは、先の「法則」の話に関連付けるとわかりやすいと思います。

見えない共通点＝法則と考えれば、法則を知ることのメリットを考えればよいでしょう。

法則を知っている人と知らない人の違いは何でしょうか？　それはすべてを経験しなくても、次に何が起きるかが予想できるということです。

「夕焼けがきれいだと、翌日は晴れる可能性が高い」という法則を知っていれば、前日の夕方に翌日の天気を予測することができます。

ここでの「見えない共通点」というのは「ある日の夕焼けの状況」と「翌日の天気」という「関係性」です。このような関係は10年前も現在も、あるいは北海道でも九州でも同じように当てはまるというのが共通パターンということになります。

このような関係性をはじめ、見えない共通点を知れば知るほど、ここの事象や情報・知識が有機的につながって知の世界が飛躍的に広がっていくことがわかるでしょう。

それは、後述する創造性にも関連してきます。アイデア創出というのは、一見すると「ひらめき」という説明できない天性のものに由来しているというイメージを描きがちですが、それは必ずしも正しくありません。

ひらめきにも、実はこのような見えない共通点の蓄積が大きくものをいうのです。

後述する「アナロジー」という「遠くのものをつなげる」発想は、まさにこの「見えない共通点を探す」ことの産物です。

一見斬新に見えるアイデアも、実はほとんどが「その領域では斬新でも、他の世界では既に実現している」ものなのです。

このように、**複数のものをまとめて扱い、共通点を探してパターン化するのが「抽象化」**です。「はじめに」でも述べたように、ここがいわば知識の記憶と並ぶ、人間の知性の「胆」であり、少なくとも現状では、ＡＩも人間にはかなわないことです。

具体と抽象

【職場の同僚同士の会話】

A：「うちの上司の指示って、いつも抽象的でわからないんだよね。もっとアピールできるものとか斬新なものとかって言うんだけど、結局、どうしてほしいの？　って言いたくなるんだよね」

B：「それって『あとは自分で考えろ』って意味なんじゃないの？　Aくんに自分なりの考えられる余地を残してくれてるんじゃないのかなあ？」

A：「そんなことないでしょ。単に自分でもよくわかっていないだけだよ」

具体とは、形になっていてイメージがしやすく、直接的なもので「誰にもわかりやすい」ものです。他人に説明するときなどは、具体的に説明することは必須と言えます。対する抽象というのは、「あの人の言うことは抽象的でわからない」とか「アクションが抽象的で実践的でない」とかといった形で日常では、どちらかというと否定的な文脈で用いられることが多いかと思います。

図表51　「具体」と「抽象」の特徴

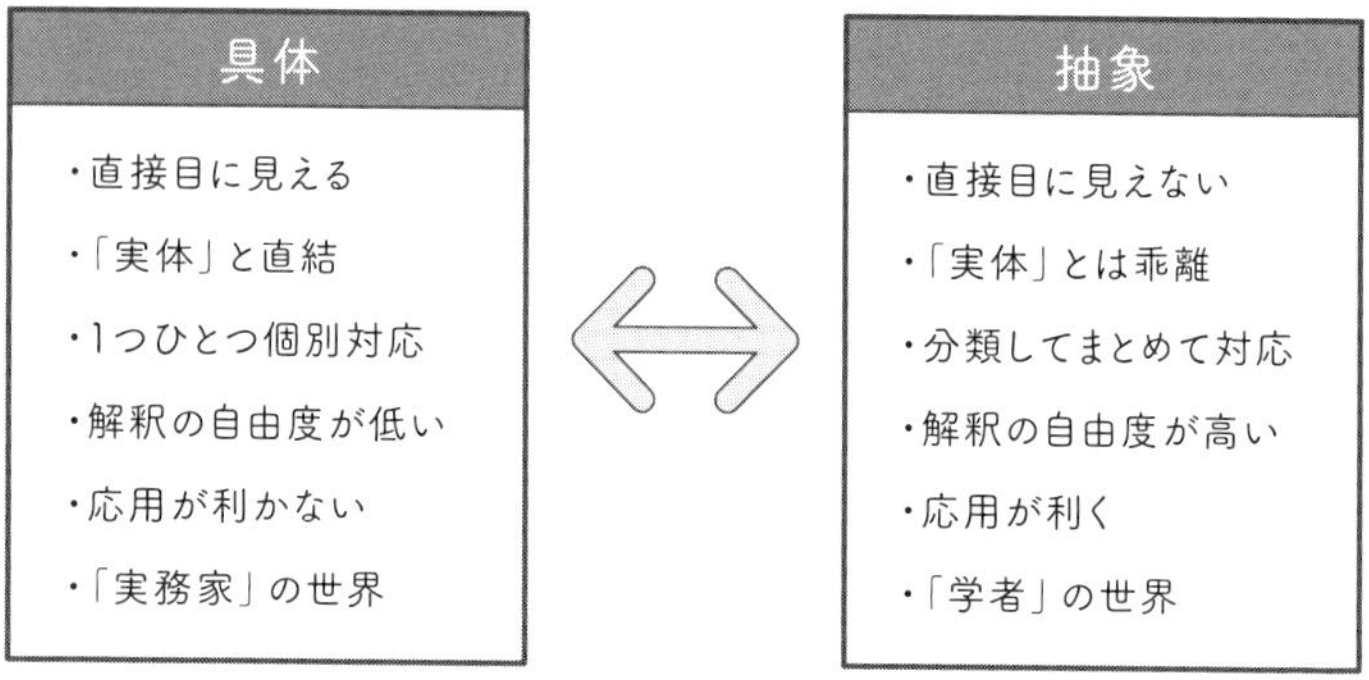
具体
・直接目に見える
・「実体」と直結
・1つひとつ個別対応
・解釈の自由度が低い
・応用が利かない
・「実務家」の世界
抽象
・直接目に見えない
・「実体」とは乖離
・分類してまとめて対応
・解釈の自由度が高い
・応用が利く
・「学者」の世界

ここで、例によって具体と抽象の特徴を簡単に示しておきましょう（図表51参照）。

本書でしばしば現れるキーワードが、ここでも重なって出て来ることから、これらの言葉が「根っこでつながっている」ことがよくわかると思います。要するにそれらが「考える」ということだからです。

人間の知的能力が、圧倒的に他の動物とくらべて優れているのは、この具体と抽象の往復ができることです。

言い換えると、**考えることの大部分は、このような「具体と抽象の往復」で成り立っている**のです。

ディープラーニングは抽象化することで新たな知見を得る

ＡＩに話をもどすと、もう数十年前から研究されていた前世代のＡＩと現在のディープラーニングの大きな違いがここにあります。

１９８０年代のＡＩの中心とされた「エキスパートシステム」という、文字通り専門家の知識を再現するような人工知能は、基本的に専門家の知識をルール化して「そのまま」（抽象度を上げることなく具体的なまま）コンピュータに覚えさせてそれを再現させることでした。

囲碁や将棋で言えば、「膨大な『定石』を覚えさせる」ことで、人間に近づけようとさせるというのが基本的な考え方でした。

対するディープラーニングの考え方は、膨大な棋譜を読み込み、「勝ちパターン」と「負けパターン」を機械に「学習させる」ことです。勝つための法則を自ら探させるという考え方です。つまり、これはある種の「抽象化」によって「一から十を知ること」をＡＩが始めたということなのです。

一言で表現すると、本書で比較している「知識・経験」を機械に再現させるだけの発想から、「自ら考えること」（抽象化）によって新たな知見を自ら見出していこうという大きな変化があったのです。

さらに、ここで見出された抽象度の高い「一般法則」を、身近な一般事象に当てはめるのが具体と抽象の往復運動の「帰り」の方に相当する「抽象→具体」という具体化の動きです（「行き」に相当するのが「具体→抽象」の抽象化の動き）。

冒頭の会話のAさんのように、抽象度の高い指示があったときに、これを具体化できるかどうかが、思考停止から抜け出せるかどうかのポイントなのです。

「抽象的でわからない」というのは、もっともなことですが、ここで粘れるかどうかが思考の世界に足を踏み入れられるかどうかの重要なポイントです。

繰り返しますが、「具体的に説明されないと理解できない」というのは、典型的な思考停止の状態です。

「具体的に説明されたことを実行する」だけなら、すべて機械が実施可能です。

逆に「説明する側」からすると、自らの主張を「具体的に噛み砕いて」話すことは、重要ということです。なぜなら（本書の読者のように「考える力」に興味があるわけではない）大多数の人は、考えることが面倒くさいので、考えないでいい状態で話さないと理解してもらえないからです。

ここで必要なのは、抽象から具体へ落とし込む力。つまり、本書でいう考える力ですから、ここでも「わかりやすい説明をする力」の根本に考えることが必須であることが明白であると言えるでしょう。

「噛み砕く」という表現を使いましたが、具体的なもの＝「消化がしやすい状態の咀嚼されたもの」、抽象的なもの＝「咀嚼されていないもの」と考えると、これらの関係が理解してもらえるかと思います。

「思考停止している人」＝「考える力が発達していない」＝赤ちゃんと考えれば、いきなり「消化の悪い」ものを与えてしまえばお腹を壊してしまう一方で、永久に消化の良い離乳食ばかり食べていても、消化する力はつかないということです。

「具体と抽象」の反復練習をする

思考停止というのは、抽象的なものは抽象的なもので具体化できていない状態、及び具体的に観察した課題を、そのまま具体的に解いてしまうことを意味します（図表52参照）。

これらは、いずれも具体と抽象の間が「つながっていない」ということになります。

本書の練習問題でやっていることも、一言で表現すれば、この「具体と抽象」の反復練習です。

「一般論」を解説した後で「これを自分の身近な問題にあてはめてみましょう」というのは、まさに抽象度の高いメッセージをいかに具体化できるかということを訓練するための

図表52　「思考停止」と「具体と抽象の往復」の違い

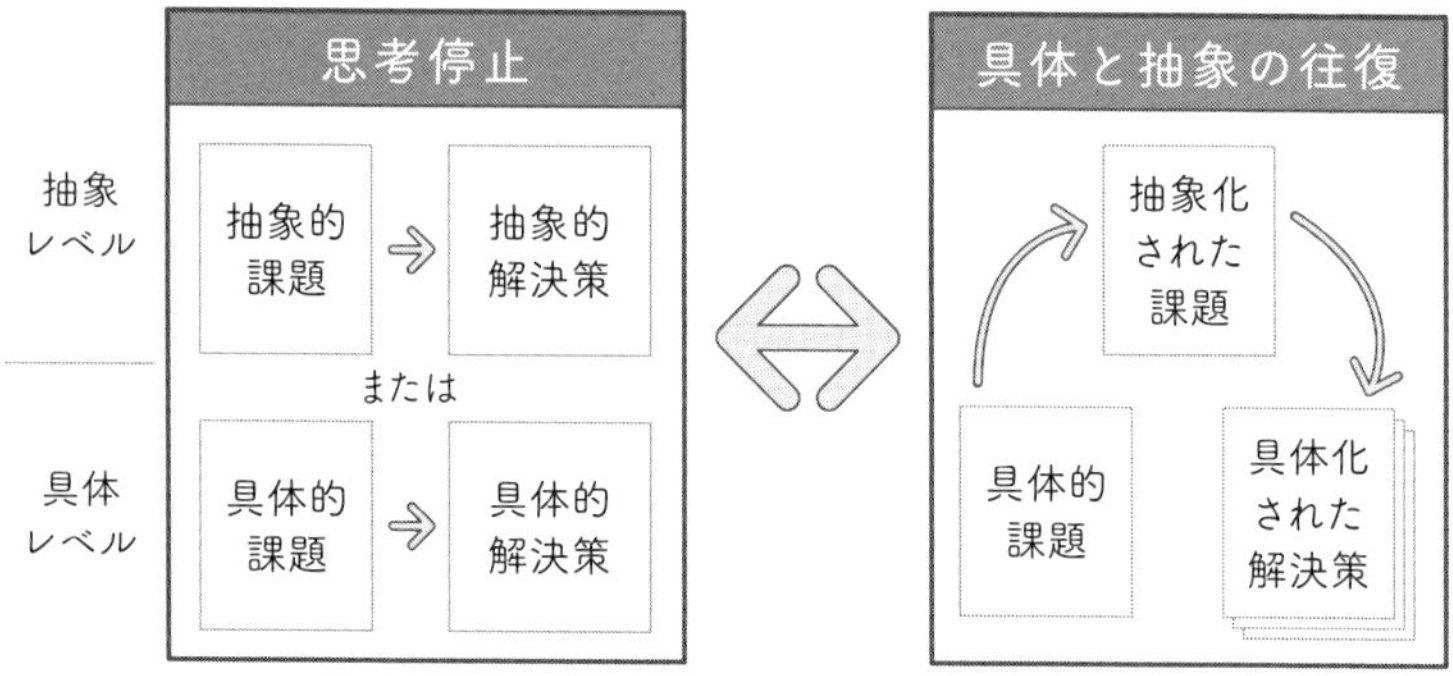

ものです。

したがって、もし「問題が抽象的でわからない」と思ったら、そこでめげずに粘って具体化してみてください。

すぐに噛み砕けなくても、頑張って噛み続けると、そのうちに先が見えてきますからすぐに吐き出さないでくださいということです。

考えるとは「極論する」こと

【職場の同僚同士の会話】

A：「関西の人ってみんな社交的だよね。うらやましい」
B：「えっ？　そんなことないでしょ。僕の知っているCさんはすごく内向的だけど」
A：「まあそういう人もいるかも知れないけどね」
B：「だから『みんな』とか言わない方がいいと思うけど」

抽象化するとは、極論することとも言えます。

極論というのは、主張の枝葉を切り捨ててシンプルに言いたいことを表現する手段です。

極論には、常に「そうは言っても……」という反論がつきまといます。

たとえば、「日本人はすべて閉鎖的だ」などと「言い切って」しまうと「いや、そうは言ってもこんな人もいればあんな人もいる」といった反論を受けるのは必須です。

しかし、主張している側はそんなことは百も承知で、シンプルに日本人の特徴を抜き

図表53 「極論」することで論点が明確になる

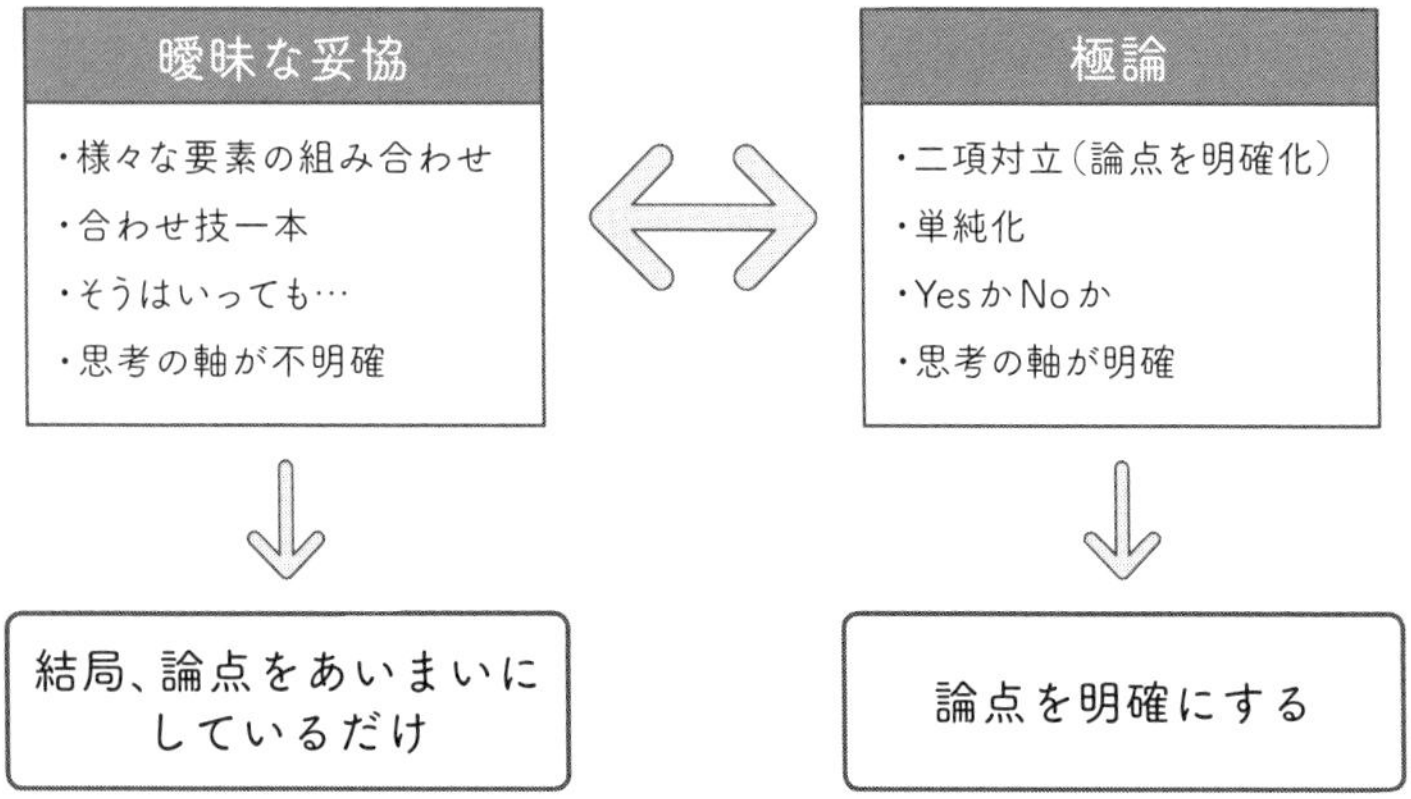
曖昧な妥協
・様々な要素の組み合わせ
・合わせ技一本
・そうはいっても…
・思考の軸が不明確
結局、論点をあいまいにしているだけ
極論
・二項対立（論点を明確化）
・単純化
・Yes か No か
・思考の軸が明確
論点を明確にする

出して他の民族に比べてその特徴を浮き上がらせたいだけなのです。

このような抽象化をすることによって、他国の人に比べて特徴的な日本人の行動の多くを、一気に説明できるようになるからです。

先の「そうは言っても……」という議論は、抽象度の高い主張に対しての具体レベルでの反論で、もともと全く議論が噛み合っていないと言えます。

本書でも頻繁に使っている「二項対立」という手法は「見えない抽象世界」を記述するための言語なのです。

抽象世界のものは具体的な姿がないので、「これはボールペン」とか「これはコップ」とかといった表現をすることができません。なので、概ね「概念」という形を取ります。

そもそも、この概念というもの自体が抽象化されたものであり、枝葉をばっさりと切り捨てた「要点」（「本質」という呼び方もされます）だけを抜き出したものです。

このような抽象概念を記述するための一つの手段が「対立軸」を出すことです。これは、必ずしも「2つに分けること」を意味していません。

地図を描くのに必須の「軸」が「東西」「南北」という方向ですが、これは世の中を4つに分けるためのものであることは明白です。

ここが決定的に「男と女」とか「成年と未成年」とかのように、すっぱりと2つに分かれているものとの違いです。

このような理解を基にすれば、本書で表現している「考えている」と「考えていない」をすべて二項対立で表現していることの意図が理解してもらえると思います。

ところが、この考え方が伝えにくいのは、まさに本書で繰り返し指摘している「見えないものの世界」の話だからです。

抽象レベルが見えている人と見えていない人の違いは、このような場面でも典型的に出てくるのです。

考えるとは「一言で表現する」こと

抽象化のもう1つの側面は、複雑な事象のポイントだけを単純化して**「一言で表現する」**ことです。

単に複雑な事象のほんの一部分だけを一言で表現するなら、現状のＡＩでも可能です。しかし、たとえば、５００ページの資料を「相手と状況に応じて」３ページ、30ページの両方でまとめるといった作業は極めて難しいと言えるでしょう。

「要するに何なのか？」という考え方は「まとめて表現する」抽象化の考え方において非常に重要です。それには「要するに……」と表現するのに、何が必要かを考えてみるとわかります。

１つ目は、「要するに……」とまとめるためには「枝葉を切り捨てる」ことが重要です。何が重要で、何が重要でないかを見極めて重要な特徴を抜き出すのが抽象化ですから、そこができなければ、まとめることは不可能です。

２つ目は、その重要性というのが目的によって異なることです。抽象化のもう１つのポイントが「特徴の抜き出し方は目的による」ことです。目的を意識してそれに応じて特徴を抜き出すことで「要するに……」が成り立つのです。

一冊の本を読んでも、相手によってその本の「要するに……」は、異なるはずです。「メッセージ」という言い方もできるかも知れません。

抽象化とは、目的に応じて複雑な事象からメッセージを読み取ることなのです。

練習問題 20

一言で表現することの練習です。

練習1

以下の「普段使う当たり前の言葉」を「一言で表現」してみてください（もちろん答えは、人によってその特徴や意味合いをどう捉えているかで違いますので、たとえば身近な仲間と一緒にやって、その差を考察するのも面白いと思います）。

◎お金　◎仕事　◎親子関係

練習2

毎年年末の恒例になっている「今年の漢字」というのがありますが、自分自身を漢字一文字で表すと「要するに」どんな漢字になるでしょうか？

※ここで必要なのは抽象化であって、一部の抽出ではありません。したがって、

・悪い例（抽象レベルが変わっていないただの抜き出し）
（名前をそのまま）「誠」、「舞」

・良い例（様々な個別の行動に表れる人柄を一言で表現する）
「義」「知」「動」「試」

考えるとは「経験の限界を知る」こと

【職場の同僚同士の会話】

A：「この前〇〇県で大きな災害があったでしょ？　あそこで実際に現場にいた人の話を昨日聞いてきたんだけど、すごく参考になったよ」

B：「どんなふうに？」

A：「やっぱりメディアってのは、あてにならないよね。報道されているのと全然違う状況だったみたいね」

B：「でも、それってあくまでも一人の人の話だよね。必ずしもそれがすべてってわけじゃないよね」

A：「いやいや、だからメディアの情報に染まった人は困るんだよ。メディアなんて嘘ばっかり流しているんだから……」

私たちが生きていく上で、何が一番の学びになるかと言えば、学校での教科書を使った座学もさることながら、やはり、自らの過去の経験によるものが最も大きいと言えるで

図表54 「具体的な経験」と「一般化した理論」の違い

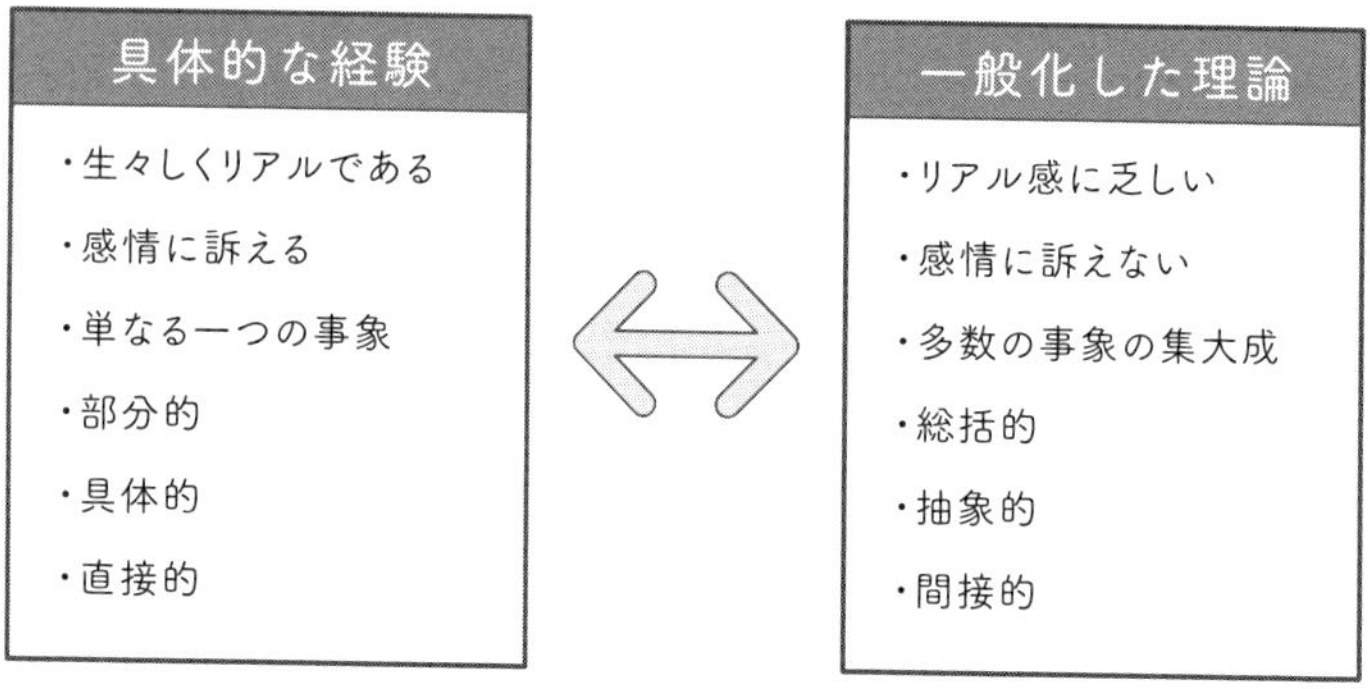

しょう。そのなかでも、失敗は最大の学びの源泉となります。

ただし、ここで気をつけることがあります。経験による学びというのは、非常にバイアスがかかりやすいからです。

具体的な個別の経験に対して、教科書的な学びというのは、数々の事象を観察して、それを一般化した法則を学ぶことです。「理論」というのがまさにこれです。ここでいう**「具体的な経験」**と**「一般化した理論」**との比較を図表54に示します。

冒頭の会話でAさんが感じたように、「現場で実際に経験した（あるいは現在進行形で経験している）人の話は、生々しくリアルで感情に訴えるために非常に説得力があります。「教科書ではなく経験」「教室ではなく現場」が重視されるのももっともなことです。

ただし、ここには同時に大きな落とし穴があるのです。

あくまでも「現場での経験」というのは、多くの人の中の「一人の（あるいは限られたごく少数の）こと」でしかありません。

ところが、その「説得力」の故に「現場での意見」と「教科書的な意見」が対立した場合には、往々にして「現場の意見」を人は信じがちです。

先に述べた「現場の経験」の強烈な強みに対して、その決定的な弱みは、それが所詮「ほんの一部分」のことでしかないのに、あたかもそれが「現場では……」という形で一般化して語られてしまうことの危険性なのです。

「現場で経験した人」といったって何十人、何百人の人がいるはずです。

それらの人が、すべて同じ経験をし、同じ意見を持っている方がおかしいはずです。でも、それが「現場の人はこう言っている」という発言で封じ込められる危険性は、意外に当事者には認識しにくいというのが、この現場の意見のバイアスです。

さらに一般化すれば、これは「経験という部分を、あたかもすべてであると勘違いしてしまう」バイアスと考えることができます。このために前述したような「全体を見る」ことで、このバイアスをリセットすることが重要になるのです。

同様に、年配者が語る「健康の秘訣」というのもバイアスに満ちたものだと言えます。たとえば、「長生きの秘訣は毎朝散歩することだ」とか「疲れないためにはフルーツをたく

さん食べることだ」のような話です。これらも先の「現場の経験」と同様に、

・たった1つのサンプルからそれを一般化してしまっている

・数ある因果関係の中から、自分にとって都合の良い因果関係だけを取り出している可能性が高い（数ある行動の中から自分がやってよかったことだけが成功の秘訣であると勘違いしている……部分を全体だと思っている）

というバイアスがかかっている可能性が高いと言えます。世に言う成功体験というのは、ほとんどがこのような「偏見の塊」とでも言うことができますが、なかなかそれに気づくのは（特に当事者が）難しいのです。

このようなバイアスから脱するためには、先述の「全体を見る」ことに加えて（多くの事象から）「抽象化・一般化する」という発想が求められてきます。

練習問題 21

「現場の意見のバイアス」から逃れるためのトレーニングです。

最近ニュースで見た、あるいは仕事で経験した「現場の意見」（災害の現場の人の意見、海外の人の意見等）を思い出し、本当にそれは「現場の人は皆そう思っている」と解釈していいのか？

別の解釈がないかについて疑ってみましょう。どのような反対意見を出せるでしょうか？

考えるとは「具現化する」こと

【自分で考えることが苦手な部下Aさんと上司Bさんとの会話】

B：「これ、この前私が『たとえばこんな感じ』って言ったことそのままじゃない？」

A：「あれ？　いけなかったんですか？　Bさんがそう言ったんで、そのままやってみたんですけど」

B：「いや確かにそうは言ったけど、『あくまでもたとえば』って言ったでしょ？　本当にやってほしかったのは、『素人にもわかりやすい資料を作って』っていうことだったんだけどなあ……」

A：「そんな抽象的な言い方じゃわかりませんよ。具体的にどうしてほしいか教えてください」

考えるとは「まとめて扱う」ことで「一を聞いて十を知る」ことだというのは先にお話しした通りです。

しかし、このためには、「一度まとめて法則化したものを再度、具体的なものに落とし

図表55　実行するためには具体化が必須

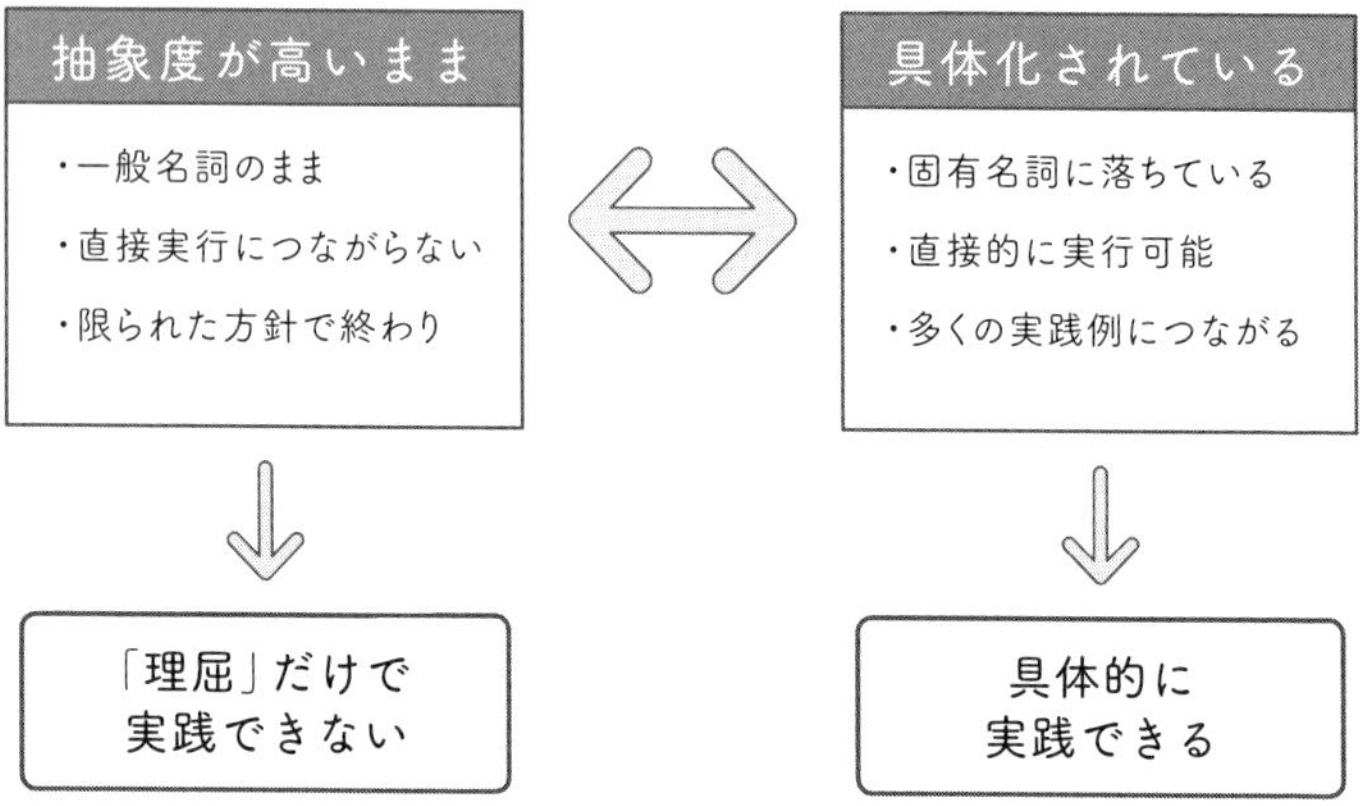
抽象度が高いまま
・一般名詞のまま
・直接実行につながらない
・限られた方針で終わり
具体化されている
・固有名詞に落ちている
・直接的に実行可能
・多くの実践例につながる
「理屈」だけで
実践できない
具体的に
実践できる

込む」という具体化の作業が実行段階において必要になります。

この前提にあるのは、理論や法則といったものは、抽象度が高く汎用性が高い一方で、個別の行動にはすぐにつながらないという特徴があることです。

したがって、このような理論や法則は、自らの状況に合わせて再度、具体化する必要があります。

ここで必要なのが、抽象的な概念からそれを「自分ごと」に具体化する能力です。想像力の1つの側面が、この抽象から具体を導く力と言ってもよいでしょう。

抽象化のない世界は、すべてが個別でバラバラの世界でしたが、今度は具体化がうまくできないと、現実離れした世界でいつまで

図表56　「具体」→「抽象」→「具体」がよいアウトプットを生む

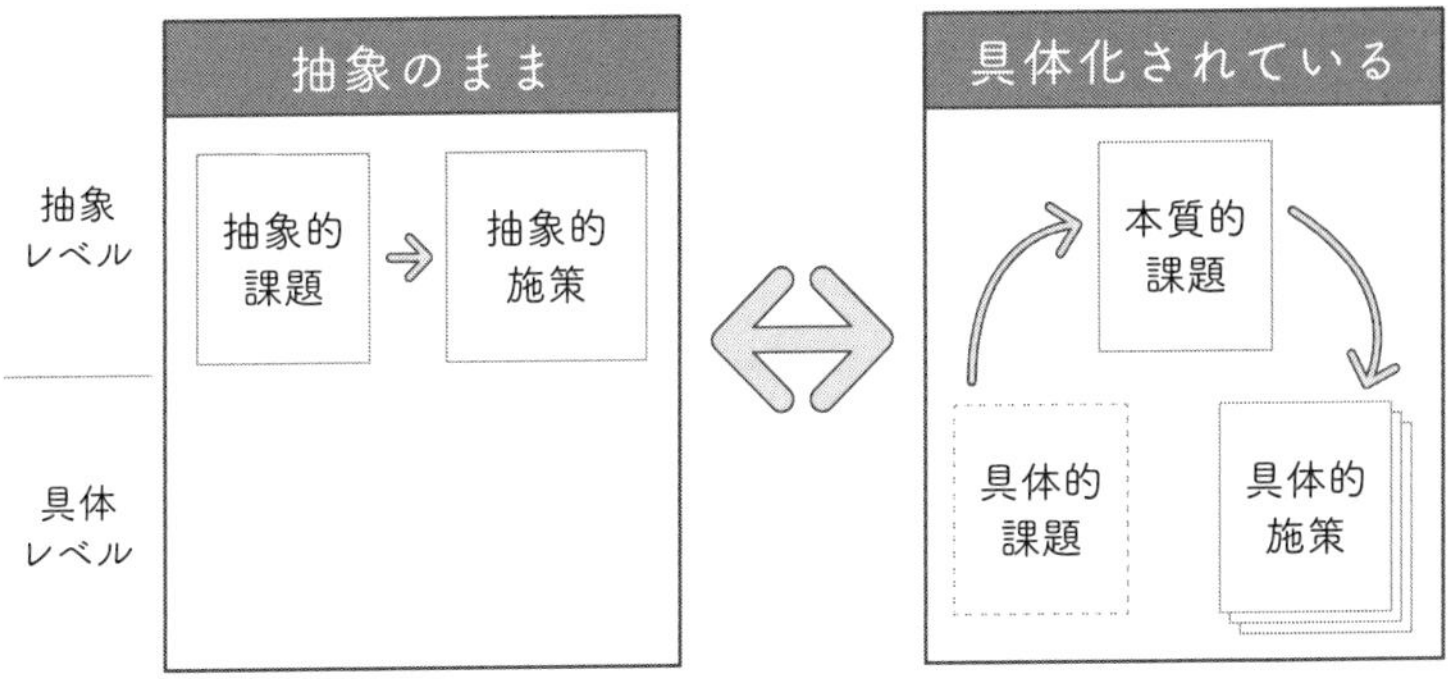

経ってもリアリティがない世界ということになります。

具体を抽象化し、また具体化することで、それが考えることのアウトプットとして形になり、実際の行動や成果という形での実践につながっていくのです。

「抽象のまま」という状態と「抽象化された課題から具体化がされている」状態との違いを図表56に示します。

練習問題 22

本書に出てきた練習問題に「自分の身近なものに結びつけてください」という類の問題があって、そこに苦労した読者も多いと思います。先述の通り、これがまさにすべて「具体化すること」の練習なのです。
そこでここまで読んだことを元にもう一度本書を振り返って、それらの問題でできなかったものをピックアップしてみましょう。

ヒント
これらはすぐに思いつかなくてもいいのです。そのことを頭に入れて日常生活を送っていると、ある日突然「これだ」と具体的な経験につながるかもしれません。
「考える」ために問題意識を持つとはこういうことです。考えることには時間がかかります。ある日突然、具体と抽象がつながるというのも「ひらめき」の1つの形態と言えます。

考えるとは「飛躍する」こと

先の「飛躍しない」と一見矛盾しますが（なぜこのような矛盾したことを「しゃあしゃあと」言うのかについては「おわりに」で触れます）、**考えるというのは、話を飛躍させること**です。

ある意味で「飛躍させない」で論じた論理思考だけからは、新しいアイデアは生まれてきません。それは良くも悪くも論理思考が「当たり前のことを当たり前に説明する」ためのものだからです。

論理思考が重要な場面は、アイデアを生み出すというよりは、その後工程の「他人に自分の考えをわかりやすく説明する」場面だからです。

創造性が必要とされる場面では、この「飛躍させる」ことが不可欠なのですが、特に川下側に特化した従来の教育では、このような頭の使い方はあまり訓練されてきませんでした（そうはいっても「飛躍させる」ための基本動作である「抽象化」は、受験勉強でも表面下で散々鍛えられているのですが、明示的にそのようには示されません）。

前置きが長くなりましたが、創造性を生み出すための思考法として「アナロジー思考」

が挙げられます。日本語で表現すると「**類推**」です。

要は「**遠くの世界からアイデアを借りてくる**」という発想です。

たとえば、仕事の企画のアイデアを趣味の世界から持ってくるとか、新商品のアイデアを全く違う業界や歴史上の出来事から「借りてくる」という発想です。歴史上の科学の発見も、多くがこのような発想からきていると言われています。

たとえば、グリコのポッキーチョコレートのトレードマークでもある、手で持つところだけチョコが付いていないあのスタイルは串カツとソースの関係から、キヤノンのインクジェットプリンタのインクを熱によって噴射するアイデアは、偶然に、注射針に半田ごてが触れたことから発想されたと言われています。

このように「一見全く異なる世界と自分の世界とをつなげる」ことで、遠くの世界から飛躍させるのがアナロジー思考です。

ここでのポイントは、一見ただの飛躍のように見えるアイデアも「要するに」と考えてみれば、同じことをやっているという共通点を見つけることで生じることです。

したがって、「飛躍する」ために「つなげる」という、一見相矛盾することを具体と抽象のレベルの往復を通じてやっていることになります。

図表57　アナロジーで飛躍することがブレークスルーにつながる

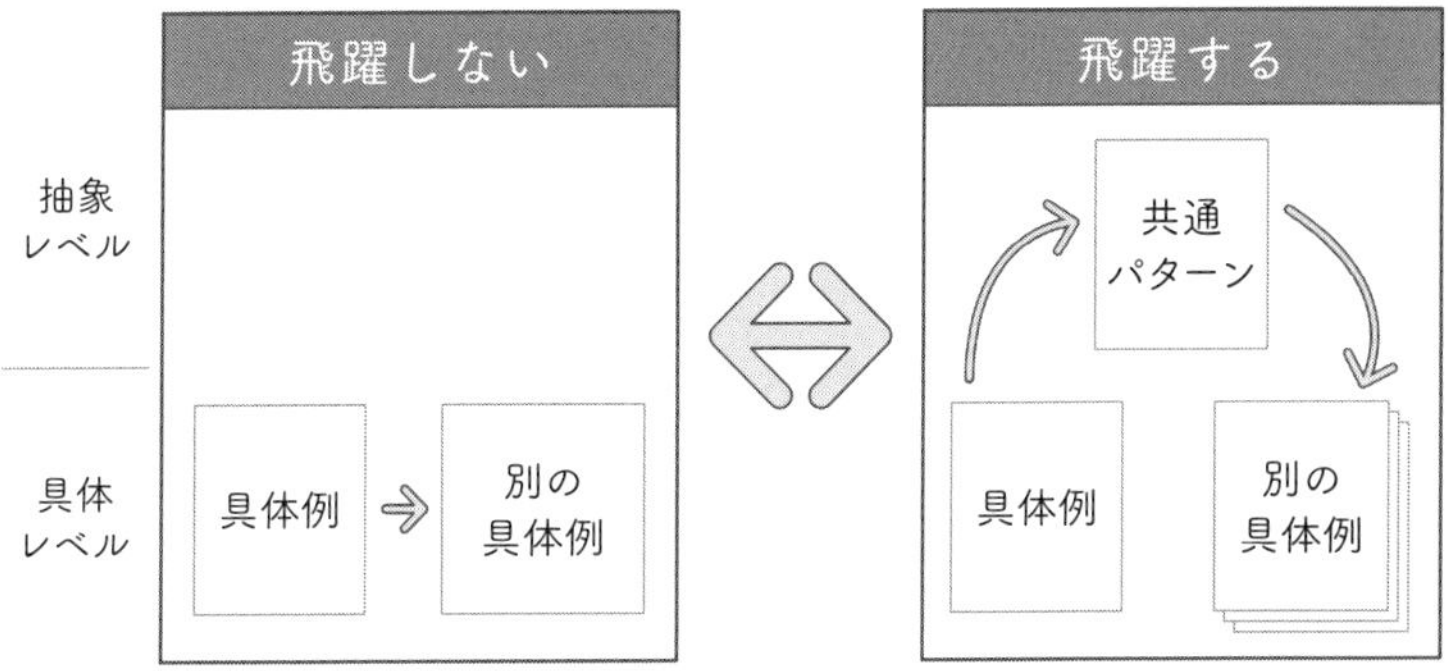

具体的なレベルでは「遠くに見える」ことも、抽象化というパターン認識によってつなげることで、実はそれらが（抽象レベルでは）近いことからこれらがつながってくるのです。

そのイメージを図で示します。またも「同じ構図」になっていることがわかるでしょう(図表57参照)。

たとえば、ポッキーの事例で言えば、見た目は串カツとは異なっているものの、大きな構造のレベルが類似しているのと、「タレ状のものをつけて食べるとおいしいが、手は汚れないようにしたい」という「要するにこうしたい」というレベルに共通点があるためにこのような「飛躍」が起こせるということになります。

ここで示したような「飛躍しない」と「飛躍する」の違いは、アイデアの源が「近いとこ

図表58 「考える人」は遠くから借りてくる

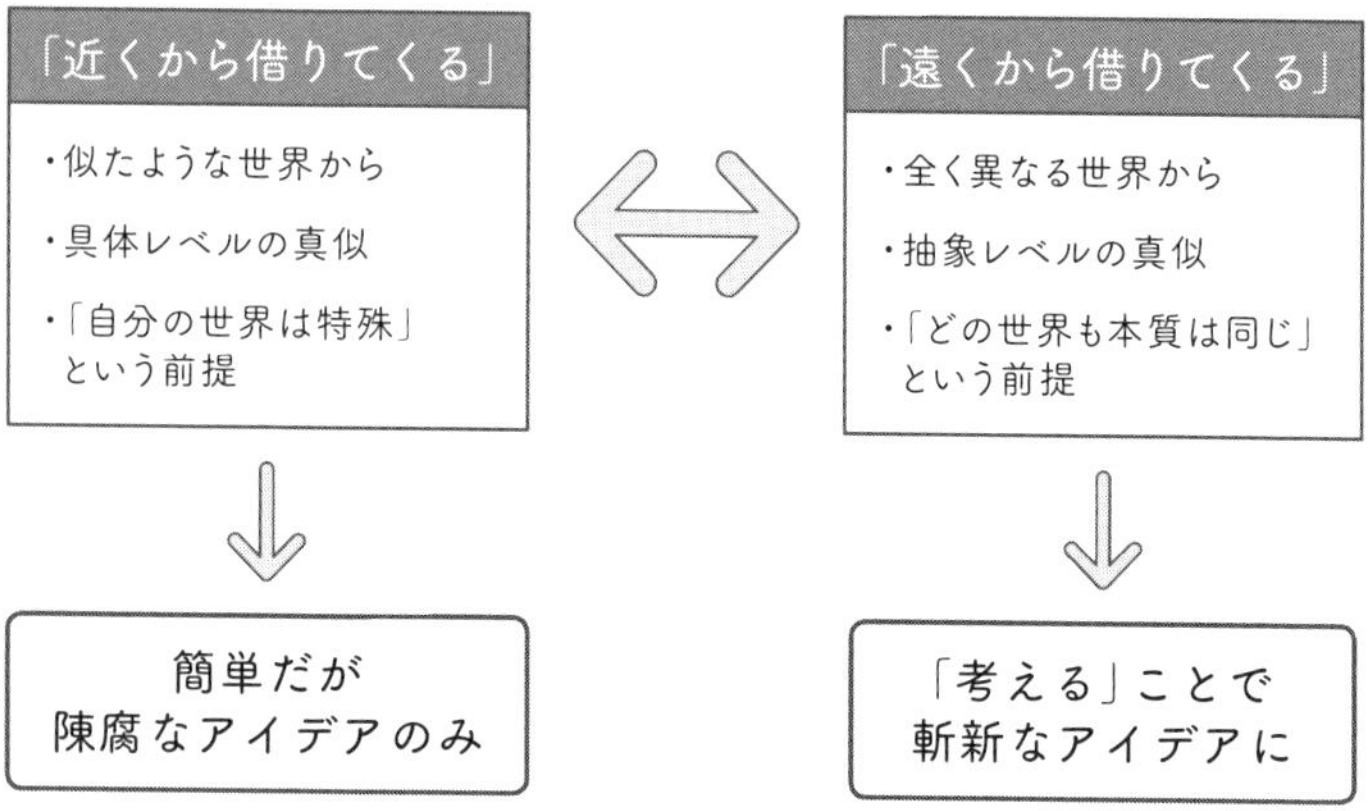

「近くから借りてくる」
・似たような世界から
・具体レベルの真似
・「自分の世界は特殊」という前提
簡単だが陳腐なアイデアのみ
「遠くから借りてくる」
・全く異なる世界から
・抽象レベルの真似
・「どの世界も本質は同じ」という前提
「考える」ことで斬新なアイデアに

ろ」にあるのか「遠いところ」にあるのかという違いにもつながります。近くから借りてくることと、遠くから借りてくることの比較を以下に示します。

「近くから借りる」というのは、単なる見た目や表面的なものの「パクリ」ですが、「遠くから借りる」というのは、一見全く異なる世界から、本書でいう**「見えないもの」である抽象レベルを真似する**という発想です。

それらの思考回路の前提にあるのは、「近くから借りてくる」は「自分の世界は特殊であり他の世界は違う」というものであることに対して、「遠くから借りてくる」というのは「どの世界も本質的に基本原理は同じである」という前提があるのです。

練習問題 23

アナロジーは「似ているものを見つける」という点で「たとえ話」と密接な関係があります。日々「一見違うもの同士の共通点を探す」ことがアナロジーのトレーニングになります。そこで、自分の仕事（や生活）を何かにたとえてみましょう。

◎自分の仕事に似ている職業や動物、会社、あるいは有名人を複数探し、「その共通点は何か？」を探してみてください。

◎上記で探したものを徹底的に研究して、そこから自分の仕事に応用できることがないか考えてみましょう。
たとえば、それが動物であれば、その動物の生態を詳細に調べて、そこから学べることがないかを考えてください。

（たとえば餌を探すときにこんな習性があるとか……）

第7章

「考える」ことの使用上の注意

「孤独」に耐えられる？

「考える」ことは、必ずしもプラスに働くとは限りません。時には（というより見方によってはほとんどの場合において）思考停止している人の方が幸せに日々を過ごせることもあります。

最後の本章では、そのような「考えることの弊害」とその対処方法を紹介するとともに、「それでも考えることは重要である」というメッセージを再確認し、考える世界への一歩を踏み出そうとする皆さんの背中を押したいと思います。

「考える人」になるということは、世の中では「圧倒的な少数派」です。

逆に言えば、世の中の「圧倒的な多数」は先例に従い、過去を後悔し、わかりやすい具体的なものに流れ、「偉い人の言うことを聞く」という、本書の比較表で言う「左側」の人たちだからです。

これは、必ずしも「Aさんは左側でBさんは右側」といった形で人によって分かれるとは限らず、大抵の場合は、一人の人間の中でも「よく考えている領域」（自分のこだわっている領域等）では、右側の思考回路となり、「あまり考えていない領域」（あまり関心のない「どうでもいい」領域）では、左側の思考停止の思考回路となっていることもあります。

いずれにしても、世の中大多数派は「ろくに考えてはいない」のです。

「川上と川下」の項目でも触れましたが、「川上は水量が少なく、ゴツゴツした岩が多数」で「川下は水量が多く、丸く没個性化した大量の砂粒」であることを思い出せば、本書で言う川上側に回れば、当然、量的にも圧倒的少数に回ることを意味するのです。

だからこそ、本書で言う**「自分で考える力」**を身につければ、自分らしさを出すことができ、第1章で述べたようなメリットが享受できるようになる反面で、「そちらの世界」に行くことは、世の中で孤立し、孤独になることを意味します。

そこにも1つの「非対称性」が存在しているからです。

ここで言う非対称性というのは、**「考えている人から考えていない人はよく見えるが、考えていない人からは考えている人はそうは見えず、『ただのおかしな人』にしか見えない」**という「マジックミラー」のような状態です。

「考えている側」に回った途端に、周りから理解されることが少なくなります。

なぜ、ルールに素直に従わないのか？

なぜ、他人と違うことをしたがるのか？

なぜ、空気を読まないのか？……

四六時中、こんな「抵抗」に会うことを覚悟しなければいけません。

本書の想定読者は、「考える世界」に足を踏み入れたい人であることはもちろんですが、既に片足（両足かも）を踏み入れてしまった人たちにも、改めて自分がいる世界の掟を明確に認識・共有してもらいたいと思います。

つまり「孤独になっている」人たちに対して、実は他にもたくさんそういう思いをしている人たちがいる（というより、それはこの道を選ぶ以上必然である）ことを再認識し、勇気を持って先に進んでもらうことも目的としています。

また、この構図を理解しておくと、日常生活や職場での振る舞い方がわかってきます。

他人に理解してもらおうと思ったら（他人に説明したりプレゼンテーションしたりする場合）、徹底的に「左側の思考回路」を想定すればいいのです。

自分が「右側の思考回路」でも大多数の他者は、逆の思考回路であることを理解していれば、「具体的ですぐわかるように」「権威やルールの力を借りて」説明することで理解してもらえます。ここで自分の思考回路を正当化しても何の意味もないのです。

自分が世の中の少数派であり、理解されない存在であることを十分に自覚して行動することで、この「住みにくさ」が解消されるだけでなく、本書でお話ししているような「自分で考える力」の使い所がわかってくると思います。

悩みが増える？

ここまで述べてきたように、考えるということは他人に見えないものが見えるようになることを意味しています。

これは、概ね私たちの生活を豊かにしますが、逆にこれによって悩みも増えます。動物の中で自殺をするのは人間だけだと言われていますが、これは裏を返せば自らの生命を絶たなければならないほどの悩みを持つのが人間だけであることを意味しています。

世の中には、見えない方がいいものもたくさんあります。

ところが、ここにも人間心理の非対称性としての不可逆性、つまり後戻りはできないということがあります。

つまり、一度見えるようになってしまったものを「なかったことにする」ことはできないのです。さらに、見えている人から見えていない人は理解できますが、見えていない人から見えている人は理解できないという非対称性も存在します。

このことが「なんでわかってもらえないんだろう」というストレスを生み出すわけです。

映画「君の名は。」の中で、翌日大災害が起きることがわかっている主人公が村中の人を避難させるべく大騒ぎしても「見えていない」大多数の周りの人の冷ややかな反応を受けるという場面がありました。

これに限らずSFのストーリーなどでも予知能力や透視能力のある少年が、周りの大人に自分しか見えていないことを訴えても、まともに取り合ってもらえない場面があります。

これがまさに「見えないものが見えてしまった」人の悲劇です。

この辺りの感覚も知識の世界とは正反対と言ってもいいでしょう。知識、とりわけ文書化されたものや形式知というのは、目に見える形になっていますから、「知らない人」からも「知っている人」との差がよく見えます。だからこそ、知っている人と知らない人との差が明らかに誰の目からもわかる「知識量を競う」クイズ番組に人気があるわけです。

ところが、考えている人と考えていない人との違いは「目に見えていないもの」が見えているかどうかなので、先に述べたような「非対称性」(片方から反対側は見えるが逆方向は見えない)が存在することになるのです。

見えるようになることが必ずしも楽しいことばかりではないことは、肝に銘じておく必要があるでしょう。

決断が遅くなる？

他人から言われたことを、そのままやってしまうことの最大のメリットは、時間がかからないことです。

考えるということは、そこで1ステップかけて「それは本当か？」とか「その上位目的は何か？」といったことが必要になります。そうなれば、確実に何も考えないよりは決断が遅くなると言えるでしょう。

「考えすぎて何も決められない」というのも、ある意味でこの弊害です。

ただし、本書ではそのための対策も示しました。

「考えすぎ」というのは、実は思考停止と同じです。

ここでの考えるスピードにおける「3段階」を示すと、

1 全く考えない：わかりやすい思考停止

2 限られた時間で考える：仮説思考が必要

3 いつまでも考える：実は思考停止

という形になります。

全く考えないのも「考えすぎ」も、実は前向きな頭の使い方ではないということですね。もう1つ、考えることのメリットは、長期的に見た場合の時間は確実に短くなり、効率的な方向に向かうということです。

それは、何かを盲信することによって後から発覚する手戻りを事前に防ぐことになるからです。

たとえば、何かの試験を受ける際に、「まず全体を見渡して優先順位をつけて作戦を立てる」という行為は、ある意味実際の試験の回答への着手を遅らせることを意味します。

でも、逆に全体の時間配分等もでき、後戻りが少なくなる分、総合的に見ればはるかに時間の節約になることでしょう。

使いどころを間違えないこと

「考える力」が大事であるという本書の根幹となる主張も「正しいこともあれば、違うこともある」というのが、別の意味での本書の主張であるのも、ここまで読んでこられた読者であればおわかりでしょう。

「すべては状況次第である」というのが一貫して本書で伝えているメッセージです。

ここで、どういう場面で考える力が特に必要で、逆にどういう場面ではそれほど必要ない（あるいは有害ですらある）のかを整理しておきましょう。

考える力が必要なのは「川上の仕事」

一言で表現すれば、考える力が必要なのは「川上の仕事」であるというのは、本書で繰り返し別の形で表現している通りです。具体的には、以下のような状況の差となって表れます。

長期的計画と短期的実行

計画に必要なのは考える力で、実行の場面では「四の五の言わずに」(考えすぎずに)ととにかくやってみること。

さらに、短期的に結果を出す場合にも、とにかく実行することが求められます。

これに対して長期的な作戦、つまり戦略を考える上で必要なのは考える力です。

計画と実行という側面でもう1つ重要な側面は「論理か感情か」という視点です。クールに全体を俯瞰して計画する場合に必要なのは、論理的に考えることですが、それを実行に移し「人を動かす」時に必要なのは、感情でありむしろ非合理的な人間心理を理解することです。

これについても後半を強調するが故に「だから理屈は必要ない」という主張が展開されることがありますが、これも典型的な「状況による」ことの一例です。

イノベーションとオペレーション

新しいことに挑戦し、「世の中を変える」ベンチャー企業がイノベーションに取り組むときの姿勢と、旧来の巨大な組織や人を動かすための大企業や政府の姿勢では異なります。

近年このようなエスタブリッシュメントの世界でも「変革」やイノベーションが唱えら

れるようにはなってきましたが、それは所詮、旧来の「完全思考停止」の上意下達や前例至上主義に比べて、多少なりとも変化を志向して自ら考える必要が相対的に重要になってきたということです。

依然として、このような組織や業務に重要なのは「上に言われたことを妄信的に遂行すること」であることは間違いありません。

どの仕事でも、考える力が相対的に重要になってきていることは、疑うところのないことですが、その重要性の大小には大きな温度差が存在します。

変革期と安定期

イノベーションの重要性が上がるのは、社会や組織に変革が必要な場合です。変革が必要↓新たな仕組みの構築↓川上の視点の出番ということです。

現在の世界や日本が置かれた状況は、概ね変革が必要な状況と言って間違いないでしょう。

他人が信用できなくなる？

「考えることは疑うこと」であると第2章でお話ししました。

疑うということは、まさに「他人を簡単に信用するな」ということにもつながります。

「権威のある人」（学校の先生や医者）も「先輩や上司」も、すべての人の言うことを「あの人が言うんだから」と信じるのではなく、そこから、あくまでも「自分はその意見に賛成できるか？」という観点で考え直すべし、というのが本書のメッセージでした。

つまり、その通りにしたらありとあらゆる周りの人が信用できなくなるということになります。

もしかすると「こんな人生で良いんだろうか？」と思うことになるかもしれません。

逆に、実際にここまで来れば大したものということになると思いますが、それに近いことは起こってもおかしくはありません。

そんなときに考えてほしいことは、**「事実」と「解釈」を切り分けて考えてみること**です。それなりに権威ある人や先輩や上司等の言うことは、少なくとも「事実」の側面に関しては、大いに学ぶところが大きいと思います。

ところが、それに伴っての「解釈」はその人なりのものですから、必ずしも自分が今直面している状況にそのまま当てはまるかどうかは疑わしいということです。

先に述べた「意見は聞いてもアドバイスは聞くな」というスタンスが重要になってきます。

他人に嫌われる？

人間関係において「なぜ？」というのは、最も嫌われる可能性のある質問です。

「なぜ？」の特殊性は、本書の中でも何度かお話ししましたが、その他の「どこ？」「誰？」「何？」「いつ？」等に比べると（良くも悪くも）「立ち入ったこと」を聞くことになる分、他人の心の中に踏み込むことになるのです。

したがって、あまりこれを露骨にやると他人から警戒心を持たれるのみならず、場合によっては、不快感まで与えることが往々にしてあります。


でも、これには1つの回避策があります。

それは少し訓練が必要ですが、「内容的にはなぜ？　を聞くために質問そのものは、どこや誰を使って質問する」ことです。

たとえば「資料を作って」という依頼があったときに、「なぜ、作る必要があるんですか？」というのはどこか棘《とげ》がある表現になりますね。

しかし、同じことを聞くのに「いつ、誰に提出して、その後どうやって使うんですか？」と聞けば、実はほぼ同じ内容を聞いているのに、ぐっとやわらかい表現に変わります。

ここでのポイントは「あくまでも、自分が聞きたいのは上位目的である」ことを意識しながら、質問の仕方をよく考えるということです。

おわりに

考えることのトレーニング、いかがでしたか?

考えるとは「分けること」であり、「分けないこと」である。「飛躍する」ことであり、「飛躍しない」ことである。

このように一見矛盾だらけに見えるメッセージもすべてその「前提条件」があり、所詮は「部分」の話でしかないのでこのようなことが起きるのです。

「正しい・間違いはない」「モヤモヤに耐えなければならない」という本書のメッセージの通り、考える世界に足を踏み入れた読者は、一生「スッキリしない」状態と共存することになります。

「巻末」まで来てもそこに「解答集」が用意されていないのは、人生も仕事も人間関係も一緒です。ときには20点でも合格のこともあれば、200点を取ってもまだまだのこともある、それが「考える」という世界の「物差し」です。

恐らく「いまのAI」は、そんな「いい加減な曖昧さ」には耐えられないでしょう。そこに人間の存在価値があるのではないでしょうか。

著者

参考文献一覧

※本書の各章にて記述されている内容について、さらに理解を深めたい読者は、以下の著者の既刊書をご参照ください。

著者既刊書（全体共通）
『地頭力を鍛える』（東洋経済新報社）２００７年
『Ｗｈｙ型思考が仕事を変える』（ＰＨＰビジネス新書）２０１０年
『アナロジー思考』（東洋経済新報社）２０１１年
『いま、すぐはじめる地頭力』（だいわ文庫）２０１１年
『なぜ、あの人と話がかみ合わないのか』（ＰＨＰ文庫）２０１３年
『具体と抽象』（ｄＺＥＲＯ）２０１４年
『問題解決のジレンマ』（東洋経済新報社）２０１５年
『無理の構造』（ｄＺＥＲＯ）２０１６年
『まんがでわかる　地頭力を鍛える』（東洋経済新報社）２０１７年

［著者］
細谷 功（ほそや・いさお）
ビジネスコンサルタント・著述家
神奈川県生まれ。株式会社東芝を経て、アーンスト&ヤング、キャップジェミニ、クニエ等の外資系/日経のグローバル・コンサルティングファームにて業務改革等のコンサルティングに従事した後独立。近年は問題発見や思考力に関する講演やセミナーを企業や各種団体、大学等に対して国内外で実施。著書に『地頭力を鍛える　問題解決に活かす「フェルミ推定」』（東洋経済新報社）、『具体と抽象』（dZERO）、『具体⇔抽象トレーニング』（PHPビジネス新書）などがある。

考える練習帳

2017年10月25日　第1刷発行
2025年4月28日　第7刷発行

著　者――――細谷 功
発行所――――株式会社ダイヤモンド社
〒150-8409　東京都渋谷区神宮前6-12-17
https://www.diamond.co.jp/
電話／03･5778･7233（編集）　03･5778･7240（販売）
装丁―――――新井大輔
本文デザイン・DTP―根本佐知子（梔図案室）
校正―――――鷗来堂
製作進行―――ダイヤモンド・グラフィック社
印刷―――――新藤慶昌堂
製本―――――ブックアート
編集担当―――高野倉俊勝

ISBN 978-4-478-10097-4

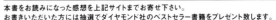